스스로 답을 찾는 힘

JINSEI NO NAYAMI GA KIERU JIMONRYOKU
Written by Nobuhiro Horie

Copyright © 2017 Nobuhiro Horie
Korean translation copyright © 2018 by Yeamoon Archive Co., Ltd.
All rights reserved.
Original Japanese language edition published by Diamond, Inc.
Korean translation rights arranged with Diamond, Inc. through BC Agency, Inc.

이 책의 한국어판 저작권은 BC 에이전시를 통한 저작권자와의 독점 계약으로
(주)예문아카이브에 있습니다.
저작권법에 의해 한국 내에서 보호를 받는 저작물이므로 무단 전재와 복제를 금합니다.

스스로 답을 찾는 힘?

호리에 노부히로 지음 | 노경아 옮김

예문아카이브

난관에 부딪혔을 때
해결책 없는 문제를 맞닥뜨렸을 때
해결하는 방법

인생이 잘
풀리는
5가지 질문

질문 1

내가 얻고 싶은
결과는 무엇인가?

**문제를
'나의 일'로
받아들이기**

질문
2

나는 왜
그것을
얻고 싶은가?

↓

목적
명확히
알기

질문
3

어떻게 하면 그것을 성취할 수 있을까?

실현 가능성 높이기

질문
4

이것은 내 미래에 어떤 의미가 있을까?

좋은 의미
부여하기

질문 5

지금 내가 해야 할 일은 무엇인가?

행동을 개시하기

문제의 해결책을 금세 찾아내 목표를 달성하고

자신의 행복을 위한 전략을 거침없이 수행하려면

'생각해야 할 중요한 일'에 집중해야 한다

그럴 때 필요한 것이

'스스로 답을 찾는 힘'이다

차례

글을 시작하며 좋은 결과를 만들어 내는 최상의 무기 · 16

 **PART 1** '스스로 답을 찾는 힘'을 키우는 5가지 질문

일이 잘 풀리는 자문자답의 유형 · 29

일이 잘 풀리는 사람과 안 풀리는 사람의 차이 · 33

신입 사원과 초보 사장이 던지는 질문의 차이 · 35

고민 해결의 실마리를 찾는 질문 · 37

'스스로 답을 찾는 힘'을 키우는 5가지 질문 · 40

'스스로 답을 찾는 힘'이 필요한 이유 · 46

상상력이 불러온 공포와 불안을 극복하는 질문 · 49

해결책이 없는 문제를 맞닥뜨렸을 때 풀어주는 질문 · 54

난관에 봉착했을 때 가장 먼저 자신에게 해야 할 질문 · 57

PART. 1 SUMMARY · 63

 **'스스로 답을 찾는 힘'으로
고민을 해결한 사례 10**

| 사례 01 | 회사의 앞날이 어두워 보일 때 • 67
| 사례 02 | 회사와 일이 마음에 들지 않아서 출근하기 싫을 때 • 73
| 사례 03 | 어려운 과제를 주는 상사 때문에 폭발할 것 같을 때 • 79
| 사례 04 | 생각만큼 업무 성과가 오르지 않을 때 • 84
| 사례 05 | 예기치 못한 큰 문제에 부딪혀 의지가 흔들릴 때 • 89
| 사례 06 | 내 의견이 남에게 잘 받아들여지지 않을 때 • 94
| 사례 07 | '내게 왜 이런 일이?'라고 생각되는 불운을 당했을 때 • 99
| 사례 08 | 나에게는 불가능한 과제가 주어졌을 때 • 104
| 사례 09 | 상대가 내 말을 듣지도, 기대한대로 움직여 주지도 않을 때 • 110
| 사례 10 | 대립하고 있는 상대와 관계를 회복하고 싶을 때 • 115

PART. 2 SUMMARY • 120

PART 3　일이 잘 안 풀리는 '가짜 욕망'에서 벗어나기

목표를 실현하지 못하는 사람들의 공통점 • 125

가짜 욕망에서 벗어나야 하는 이유 • 127

자문자답으로 가짜 욕망에서 벗어난 사례 • 130

진짜 욕망을 깨달았을 때 가장 먼저 변화하는 것 • 134

가짜 욕망을 진짜 욕망으로 착각하는 사람들 • 141

가짜 욕망과 진짜 욕망을 가려내는 방법 • 144

자문자답으로 역경을 극복한 인물 • 146

채워지지 않는 감정적 욕구가 만드는 가짜 욕망 • 149

진짜 욕망을 찾아 일 년 반 동안 고민했던 문제를 해결한 사례 • 153

남을 변화시키지 않아도 문제가 해결되는 방법 • 156

가짜 욕망에 지배당하는 사람의 맹점 • 160

나의 욕망을 방해하는 것들이 주는 선물 • 165

작은 고민이든 큰 시련이든, 극복하는 방법은 단 하나 • 169

PART. 3 SUMMARY • 173

 **PART 4** 일이 잘 풀리는
'진짜 욕망' 찾기

진짜 욕망을 찾기 전에 알아야 할 것 • 177

주변까지 행복하게 만드는 진짜 욕망 • 180

진짜 욕망을 찾는 자문자답 방법 • 183

5W1H 활용하여 진짜 욕망 찾기 • 188

스스로 할 수 있는 행동에 집중하기 • 192

싫어하는 사람을 통해 깨닫게 되는 것 • 196

불편한 사람과 지혜롭게 지내는 법 • 200

작은 세상에서 벗어나 자신을 성장시키는 방법 • 204

'인생이 잘 풀리는 사람'의 특징 • 208

감사하는 습관이 중요한 이유 • 211

망설이던 일을 과감하게 도전할 수 있는 힘 • 214

주체적으로 사는 사람만이 가질 수 있는 자유 • 217

PART. 4 SUMMARY • 221

글을 마치며
인생의 중심을 잡아주는 '스스로 답을 찾는 힘' • 223

옮긴이의 글
'진짜 욕망'을 찾고 싶다면 질문하기를 멈추지 말자 • 228

부록
〈인생이 잘 풀리는 자문자답 노트〉 • 233

글을 시작하며

좋은 결과를 만들어 내는
최상의 무기

의식적으로 자기 자신과 깊이 있는 대화를 나누는 사람이 얼마나 될까? 사람은 누구나 자기 자신과의 대화를 통해 좋은 결론을 내고, 어떤 고민이든 해결할 수 있는 능력을 가지고 있다. 나는 이 책에서 자문자답(自問自答)의 놀라운 효과를 보여주려 한다.

'어떻게 해야 원하는 미래를 성취할 수 있을까?'
'어떻게 해야 지금보다 더 높은 단계로 나아갈 수 있을까?'
　스스로에게 던지는 질문의 질을 높인다면 스스로 답을 찾아 이런 의문을 모두 해결하고, 자신이 원하는 인생을 살아갈 수 있다.

　사람은 하루에 3만 번 이상 자신에게 질문을 한다. 그때마다 우리 마음속에서는 또 하나의 내가 등장해 서로 대화를 나누며 다음

스스로 답을 찾는 힘

행동을 결정한다.

인생이 잘 풀리는 사람과 그렇지 않은 사람은 자문자답의 질(質)이 다르다.

효과적인 자문자답 방식을 알기만 하면 누구나 자신에게 좋은 질문을 던지고 좋은 답을 내놓아 좋은 행동으로 이어지게 함으로써 좋은 결과를 얻을 수 있다.

이처럼 효과적으로 자문자답하는 능력을 나는 '스스로 답을 찾는 힘', 즉 '자문력(自問力)'이라 부른다. 나뿐만 아니라 내가 지금까지 지도한 1,000명 이상의 고객과 코치들이 이 방법의 효과를 검증했다.

이 책에서는 독자들에게 그 구체적인 방법을 설명하겠다.

문제에 부딪히면 고민에 빠지기 전에 먼저 '나에게 무슨 질문을 던져야 할까?'를 생각하라

예를 하나 들겠다.

내가 몇 년 전에 맞닥뜨렸던 문제다.

바로 암 진단을 받은 것이다.

2014년 연말의 일이다.

세미나 강사로 매일같이 전국을 누비느라 피로가 쌓였는지, 어느 날 전철역 계단에서 발이 꼬여 넘어지고 말았다. 넘어지면서 바닥에 무릎을 세게 부딪친 탓에 무릎뼈가 부러져 난생처음 목발을 짚게 되었다. 그런데도 그 상태로 6개월이 넘도록 진통제를 먹으면서 전국 곳곳에서 세미나를 계속 진행했다.

그러다 보니 몸 상태가 눈에 띄게 나빠졌고 열이 자주 나기 시작했다. 피곤해서 그러려니 하며 인도로 여행 갔을 때, 발목에 당구공만 한 혹이 생긴 것을 발견했다.

'이게 뭐지?'

"악성림프종입니다. 다시 말해 혈액 암이죠."

병원의 검사 결과였다.

넘어져서 무릎을 다치고 발목 좀 부었다고 암이라니 ……. 상상조차 하지 못한 일이었다. 확실한 진단 결과가 나오기까지 나는 의사의 말을 믿지 못했다.

악성림프종은 백혈구 속의 림프구가 암세포로 변하는 병이다. 처음에는 목과 겨드랑이, 발목 등 림프샘에서 발병하지만 혈액의 흐름과 함께 전신으로 퍼진다고 한다. 2014년에 원로 영화배우 다카쿠라 겐(高倉健)이 이 병으로 세상을 떠나기도 했다.

스스로 답을 찾는 힘

나도 내 엑스레이 사진을 보았는데, 온몸이 시커멓게 보일 만큼 심각한 상태였다.

그 무렵 나는 '일반사단법인 코칭 칼리지'를 설립해 전국에 코칭 스쿨을 오픈하려는 준비에 한창이었다. 개교 기념 세미나는 500명이나 되는 참가자가 금세 마감될 만큼 반응이 좋았다. 나는 도쿄, 나고야, 오사카, 후쿠오카를 누비며 바쁘게 일하고 있었고 모든 일이 순조로웠다. 하지만 암이 발견된 후 활동을 일체 중단할 수밖에 없었다.

이후 내 상태는 점점 나빠져 체중이 급격히 줄어들었고, 급기야 내장까지 부어올라 몸을 조금만 움직여도 엄청난 통증이 몰아닥쳤다. 결국은 거의 누워서만 지내게 되었다.

이쯤 되자 어쩌면 죽을지도 모르겠다는 불안감이 엄습했다. 자포자기해도 이상하지 않은 상황이었다.

그러나 나는 결국 투병 생활을 견뎌냈을 뿐만 아니라, 그 경험을 토대로 인생의 새로운 단계를 개척하는 데 성공했다.

내가 이전에 배웠던 코칭 기술을 자문자답에 응용할 수 있었기에 가능한 일이었다. 당시 내 자문자답을 재현하면 이렇다.

질문 나는 앞으로 어떻게 되기를 바라는가?

답변 이대로 죽고 싶지 않다.

질문 왜?

답변 아직 못다 한 일이 있으니까.

질문 무슨 일?

답변 하고 싶은 일이 두 가지 있다. 첫째, 코칭 스쿨을 다시 시작해서 내가 받은 훌륭한 가르침을 더욱 발전시키고 전파하는 일. 둘째, 내 마지막 모습을 보며 가까운 사람들의 마음에도 내가 배운 것이 남아 이것을 이어가게끔 하는 일.

이 두 가지 답변을 도출한 순간, 내 마음속에서는 죽기 싫다는 부정적인 생각이 자취를 감추었고, 동시에 암을 극복해야겠다는 긍정적인 생각과 투지가 끓어오르기 시작했다.

'건강해지면 무엇을 할 수 있을까?'
'책을 써서 더 많은 사람에게 도움이 되고 싶다.'

이 책도 이런 자문자답 덕분에 펴낼 수 있었다.

스스로 답을 찾는 힘

최단시간에
해결책을 찾아내는 비결

나는 스스로에게 이런 질문을 계속했다.

질문 내가 바라는 결과를 얻으려면 어떻게 해야 할까?
답변 실제로 암을 극복하거나 극복하게 한 경험이 있는 사람이라면 치료 방법을 알지 않을까.
질문 그렇다면 그런 사람은 어디에 있을까?
답변 병원이나 건강에 관한 강연이 열리는 곳에서 만날 수 있을 것이다.

그래서 나는 정보 수집을 위해 암에 관한 책들을 엄청나게 사들이기 시작했다. 병원에 꼼짝없이 누워 있어야 했으므로 다행히 시간은 넉넉했다. 한 달에 50권이 넘는 책을 읽었고, 인터넷에서도 방대한 정보를 수집하며 나에게 가장 적합한 치료법, 암 극복법을 찾아 나갔다.

많은 정보를 분석한 결과, 동양 의학으로 암을 치료하는 이시하라 유미(石原結實) 선생과 서양 의학계의 암 치료 권위자인 다케모토 노리시게(武本憲重) 선생의 방법을 도입하기로 했다. 두 사람 다

항암제를 투여하는 치료법을 권했다.

항암제가 몸에 상당한 무리가 된다는 것은 이미 알고 있었다. 끔찍한 부작용이 있다는 이야기 또한 충분히 들었다. 하지만 나에게는 살아남는 것이 가장 중요했다. 그래서 살아남을 확률이 가장 높은 방법을 선택했다. 믿을 만한 동양 의학 권위자와 서양 의학 권위자가 같은 견해를 보였으므로 항암제 치료를 시작한 것이다.

본격적으로 항암제 치료가 시작되자 구토가 이어졌고, 면역력이 떨어져서 외출할 때는 세심한 주의가 필요했다. 머리카락도 우수수 빠졌다.

그러나 나를 가장 힘들게 했던 열은 차차 떨어져 평소처럼 식사를 할 수 있게 되었다. 48킬로그램까지 줄어들었던 체중도 조금씩 늘어났다.

이렇게 조금씩 병이 나을 기미가 보이기 시작했다.

암은 인생을 바꿀 좋은 기회가 되었다

다음으로 나는 자신에게 이런 질문을 던졌다.

'암은 나에게 어떤 의미가 있을까?'

여전히 자문자답을 계속하는 지금, 나는 진심으로 '암은 나에게 좋은 기회였다'고 생각한다.

이 말을 듣고 내가 암 투병을 너무 가볍게 여긴다고 느낄지도 모르겠다. 그러나 스스로에게 질문하고 답을 낸 덕분에 병을 극복할 수 있었고, 코칭 스쿨을 다시 열어 지금 같은 새로운 단계에 올라설 수 있었다.

암을 경험했기 때문에 나는 이전과는 전혀 다른 수준으로 성장하게 되었다. 무엇보다 정신력이 강해졌고 일에 대한 의욕도 이전보다 더 높아졌다. 후회 없는 삶을 살겠다는 굳은 결심 덕분에 경영자로서의 배짱도 두둑해진 듯하다. 게다가 암 투병을 계기로 이 책도 쓸 수 있었다. 그 선물이 없었다면 이렇게 글을 통해 독자와 만나지도 못했을 것이다.

누구나 스스로에게
최상의 질문을 할 수 있다

내 롤모델 중에는 그라민 은행의 총재로 유명한 노벨평화상 수상자 무하마드 유누스(Muhammad Yunus) 씨가 있다. 유누스 씨는 자문자답을 통해 가난한 사람을 도울 방법을 찾았고, 불가능해 보였던 그라민 은행의 마이크로 크레디트 시스템을 성공시켰다. 내가 자문자답을 중시하게 된 것은 바로 유누스 씨 때문이다.

나는 뛰어난 인물들에게서 자문자답이라는 방법을 배운 덕분에 사업을 성장시키고 행복한 가정을 꾸렸을 뿐만 아니라 암이라는 높은 장벽까지 넘어설 수 있었다. 자문자답의 중요성을 모르던 시절에는 일도 잘 풀리지 않았고 인간관계에도 불만이 많아 즐거운 인생이라고는 할 수 없었다.

의미있는 자문자답을 하게 되면 인생이 극적으로 바뀐다. 나 자신과 내 주위 사람들의 변화가 효과를 증명한다. 이 책에서는 자문자답을 통해 인생을 바꾼 사례와 질문을 올바르게 활용하는 구체적인 방법을 소개할 것이다.

스스로 답을 찾는 힘인 자문력의 활용 방법을 익혀 만족스러운 사회적 성과와 바람직한 미래를 성취하기 바란다. 이 책이 당신에게 진심으로 도움이 되었으면 좋겠다.

2017년 겨울
호리에 노부히로

어려움에 부딪혔을 때
우선

'나에게
무슨 질문을
던져야 할까'를

생각하라

×
▲
●

'스스로 답을 찾는 힘'을 키우는 5가지 질문

사람은 누구나 자신에게 좋은 질문을 던지고
좋은 답변을 내놓음으로써
행동을 변화시키고 인생의 질을 높일 수 있다.
PART. 1에서는 인생의 고민을 해결하는
계기가 될 '5가지 질문'과 '자문자답'이
무엇인지 소개한다.

일이 잘 풀리는
자문자답의 유형

누구나 하루에 3만 번에서 4만 번 가까이 자신에게 질문하고 또 대답한다고 한다. 예를 들어 아침에 일어날 때에도 이런 식의 자문자답이 이뤄진다.

자신 A : 지금 몇 시지?
자신 B : 이제 일어날 시간이야!
자신 A : 회사 가기 싫다 …….
자신 B : 그러면 안 돼! 오늘은 중요한 고객과 약속이 있잖아.

아마 이 책을 읽는 여러분의 머릿속에서도 이런 자문자답이 일어나고 있을 것이다.

자신 A : 정말? 내가 오늘도 자문자답을 했다고?
자신 B : 맞아, 아까 이 책을 살까 말까 고민했지.

이런 자문자답은 따로 의식하지 않아도 우리 머릿속에서 저절로 이루어진다. 마치 한 사람 안에 여러 인격이 존재하는 것처럼 말이다. 이것을 일일이 의식하거나 기록하지 않으므로 기억하지 못할 뿐이다.

'오늘 점심에 무엇을 먹을까?'라는 사소한 결정을 내릴 때나 인생을 좌우할 큰 결단을 해야 할 때, 당신 머릿속에서는 여러 개의 자아가 서로 대화를 나눌 것이고, 그 결과에 따라 당신의 행동이 정해질 것이다.

이런 자문자답은 언제나 당신이 스스로에게 던지는 '첫 질문'에서 시작된다.

첫 질문의 내용에 따라 이후 이루어지는 대화의 흐름은 물론, 최종적으로 이어지는 행동도 달라진다.

쉬운 예로, 어려운 업무를 맡게 되었을 때 누구나 하게 되는 두 가지 자문자답의 유형을 비교해 보자.

자문자답 유형 A

> 질문: 어려운 일이네. 과연 내가 할 수 있을까?

> 답변: 아니, 당연히 못하지.

> 답변: 난 이런 일을 경험해 본 적이 없고 머리도 안 좋고 능력도 없어 ……..

> 답변: 그러니 이 일은 다른 사람에게 넘기자.

자문자답 유형 B

> 질문: 어려운 일이네. 어떻게 하면 내가 해낼 수 있을까?

> 답변: 나는 방법을 잘 모르겠어.

> 답변: 하지만 세상에는 그 일을 해낸 사람이 있을 테니 어딘가에 대처법도 있을 거야.

> 답변: 우선 서점에 가서 쓸 만한 노하우가 있는지 찾아보자.

앞의 유형 A와 B는 동일한 문제에 맞닥뜨렸을 때 일어나는 각기 다른 자문자답의 흐름이다.

예시를 보면 처음에 어떤 질문을 던지느냐에 따라 이후의 행동이 완전히 달라짐을 볼 수 있다.

사실 이 자문자답 유형 차이가 인생의 방향을 크게 좌우한다.

유형 A의 사람들은 문제가 있을 때마다 남을 탓하거나 남에게 해결을 미루기 때문에 좀처럼 성장하지 못한다. 그래서 주변에 불만을 품은 채 현재 상태에 안주하고 만다.

한편, 유형 B의 사람들은 무언가 어려운 일이 생길 때마다 새로운 지식을 습득하며 자신의 수준을 점점 향상시킨다.

유형 A가 일이 잘 풀리지 않는 사람의 자문자답 유형, 유형 B가 무슨 일이든 잘 풀리는 사람의 자문자답 유형이다.

그 차이는 바로 '첫 질문'에 있다.

일이 잘 풀리는 사람과
안 풀리는 사람의 차이

코칭 업계에서는 우리가 무의식중에 자신에게 처음으로 던지는 질문을 '프라이머리 퀘스천'(primary는 영어로 '첫 번째', '주요한'이라는 의미), 즉 '첫 질문'이라고 부른다.

모든 일이 잘 풀리는 사람과 잘 풀리지 않는 사람의 차이가 바로 이 첫 질문에 있다.

어렵거나 낯선 업무를 부여받았을 때 가장 먼저
과연 내가 할 수 있을까? 라는 질문(A)을 던지는 사람과
어떻게 하면 내가 해낼 수 있을까? 라는 질문(B)을 던지는 사람이 있다고 하자.

처음에 A와 같은 질문을 던지는 사람은 할 수 없는 핑계를 먼저 찾는 경향이 있다.

그에 비해 B와 같은 질문이 습관화된 사람은 언제나 문제를 해결할 수단을 찾아 나선다.

둘 중 누가 높은 성과를 내는지는 말할 것도 없다.

곤란한 일에 직면했을 때 왜 나에게만 이런 일이 일어날까?라고 자문하는 사람과 어떻게 하면 이 어려움을 극복할 수 있을까?라고 자문하는 사람이 있다.

전자가 불운을 원망하거나 남 탓, 환경 탓을 하며 분노하는 사이에 후자는 그 과제를 재빨리 극복하고 다음 단계로 나아간다.

매일 이런 사고 유형과 행동 유형이 반복된다면 어떻게 될까? A와 B의 성장 속도와 목표 달성도에 큰 차이가 생기리라는 것을 누구라도 분명히 알 수 있다.

스스로 답을 찾는 힘

신입 사원과 초보 사장이
던지는 질문의 차이

그렇다면 왜 사람에 따라 첫 질문이 달라질까?

성격 차이도 있겠지만, 뒤에서 살펴볼 내용처럼 어릴 때의 경험도 큰 영향을 미친다. 여기에 하나 더 덧붙이자면 목적의식이 첫 질문의 질을 좌우한다.

무슨 말인지 자세히 살펴보자.

앞에서 '과연 내가 할 수 있을까?'와 '어떻게 하면 내가 해낼 수 있을까?'라는 두 가지 첫 질문을 보았다.

이 질문을 '자신감 없는 신입 사원이 갑자기 상사에게 중요한 업무를 지시받았을 때'와 '이제 막 창업한 사장이 갑자기 큰 프로젝트를 의뢰받았을 때'로 비교해 보자.

　신입 사원은 자신감이 없는 편이므로 목적의식도 분명하지 않을 가능성이 높다. 그래서 처음부터 자신이 업무를 실행하겠다는 것을 전제로 한 '어떻게 하면 해낼 수 있을까?'라는 질문을 좀처럼 던지지 못한다.

　그래서 불안이 전제된 '내가 할 수 있을까?'라는 질문을 던지고 만다. 하지만 그런 자세로는 잘 풀릴 일도 풀리지 않는다.

　반면 신출내기 사장은 어떨까?

　막 창업했으니 매출을 올리려면 어떻게 해서든 프로젝트를 성공시켜야 한다. 그러므로 '과연 내가 할 수 있을까?'라는 생각은 전혀 하지 않을 것이다.

　대신 그는 '어떻게 하면 해낼 수 있을까?'라는 질문부터 던진다.

　이처럼 적극적인 자문자답을 반복하다 보면 결국 해결책을 찾게 되고 이를 실행함으로써 프로젝트를 성공으로 이끌 것이다.

스스로 답을 찾는 힘

고민 해결의
실마리를 찾는 질문

앞에서 설명한대로 프라이머리 퀘스천이란 머릿속에서 스스로에게 던지는 첫 질문을 말한다.

사람은 하루에 3만~4만 번이나 자신에게 질문을 던지면서 자기 자신과 대화한다고 했다. 그러나 우리는 평소에 그것을 의식하지 못한다. 모든 것이 뇌 속에서 자동으로 이루어지기 때문이다.

따라서 이 과정을 통제하기가 쉽지 않은 것이 사실이다. 평소 내면에서 어떤 대화가 이루어지는지 일일이 기록하는 것도 아니므로 당연한 일이다.

하지만 강한 목적의식이 있다면 '첫 질문'과 자문자답의 '질'을 향상시킬 수 있다.

즉, 자신이 평소 어떤 첫 질문을 하고 어떤 자문자답을 하는지 의식하면서 자신과의 대화를 계속한다면, 선택과 행동을 바꿀 수 있다.

내면에 있는 또 하나의 자신이 '이런 어려운 일은 포기하자'라고 단정해도 의식을 전환해, '아니야, 이 일에 도전하면 한 단계 성장할 수 있어. 힘들어도 한번 해 보자!'라며 앞으로 한 걸음 내디딜 수 있다.

이처럼 '의식적으로 자신에게 던지는 첫 질문'과 '의식적으로 반복하는 자문자답'의 질을 향상시키면 인생을 좋은 방향으로 이끌어 나갈 수 있다.

누구나 실천할 수 있는
효과적인 자문자답 방법

'글을 시작하며'에서 소개한 나의 자문자답을 떠올려 보자.

암은 나에게 생사가 걸린 심각한 문제였다.

솔직히 '이러다 정말 죽는 게 아닐까?' 하는 공포와 불안이 나를 엄습한 것도 사실이다.

하지만 나는 코칭을 배운 덕분에 곧바로 적확(的確)한 첫 질문을 스스로에게 던지고 자문자답을 시작할 수 있었다. 그로 인해 '내가 지금 해야 할 일'을 빠르게 찾아냈고, 문제를 해결하기 위한 구체적인 행동을 시작했다.

덕분에 나는 병을 극복할 수 있었고, 이전과는 전혀 다른 수준으로 성장했다.

나는 특별히 정신력이 강한 사람은 아니다.

단지 코칭을 익혔기 때문에 나 자신에게 필요한 질문을 던져 해결의 실마리를 찾으려고 노력했을 뿐이다.

방법만 알면 누구나 효과적인 자문자답을 할 수 있다. 이처럼 좋은 자문자답을 반복해 문제를 해결하거나 성공하는 체험을 거듭하다 보면 잠재적인 첫 질문과 자문자답의 질이 점점 더 향상될 것이다.

앞으로 설명할 자문자답 방식은 당신의 인생을 잘 풀리게 할 것이고, 자신감 있게 목표를 향해 나아가고 욕망을 실현하는 사람으로 만들어 줄 것이다.

'스스로 답을 찾는 힘'을
키우는 5가지 질문

사람과 사람 사이의 대화 유형은 그야말로 무한하다. 자기 자신과의 대화도 마찬가지다.

다음에 이어질 PART. 2 '스스로 답을 찾는 힘으로 고민을 해결한 사례 10'에서는 이와 관련해, 문제가 생겼을 때 올바른 행동을 이끌어내기 위한 자문자답 방식을 다양하고 구체적인 사례와 함께 소개할 것이다. PART. 2를 잘 읽어 보면 어떤 문제에 부딪히더라도 발전적 방향의 자문자답을 활용하여 좋은 답을 이끌어낼 수 있을 것이다.

자기 자신에게 던지는 질문은 무한하지만 이왕이면 '좋은 질문'을 던져야 한다는 사실은 말할 필요도 없다.

따라서 다음에 소개하는 '스스로 답을 찾는 힘'을 키우는 5가지

인생이 잘 풀리는 5가지 질문

내가 얻고 싶은 결과는 무엇인가?
······▶ 문제를 '나의 일'로 받아들이기 위한 질문

나는 왜 그것을 얻고 싶은가?
······▶ 목적을 명확히 알기 위한 질문

어떻게 하면 그것을 성취할 수 있을까?
······▶ 실현 가능성을 높이기 위한 질문

이것은 내 미래에 어떤 의미가 있을까?
······▶ 좋은 의미를 부여하기 위한 질문

지금 내가 해야 할 일은 무엇인가?
······▶ 행동을 개시하기 위한 질문

질문을 익혀 자신에게 던져야 한다.

업무 능력을 향상시키는
5가지 질문

질문 1과 **질문 2**는 앞에서 말한 대로 '목적의식'을 갖고 대화를 시작하기 위한 질문이다.

가령 상사가 어려운 업무를 지시했을 경우, 부정적인 사람은 '그냥 주어진 일이니 해야지'라며 대화를 끝내기 쉽다.

그러나 **질문 1**, **질문 2**로 대화를 시작한다면 어떨까?

내가 얻고 싶은 결과는 무엇인가?
→ 상사의 기대에 부응하여 업무를 완수하는 것이다.
왜 그것을 얻고 싶은가?
→ 지금보다 더 성장하고 싶기 때문이다.

위와 같은 사실을 명확히 의식하는 순간, 그 업무는 상사를 위해 하는 일이 아니라 '나를 위해 하는 일'로 바뀌게 된다.

다음으로 실현 가능성을 높이기 위한 **질문 3**은
'그것을 가능하게 만들 방법은 무엇일까?'
'답을 아는 사람은 어디에 있을까?'
'어디에 가면 단서가 될 정보를 찾을 수 있을까?'
로 바꾸어 말할 수 있다.

질문 1과 **질문 2**로 목적을 명확히 파악했다면 문제를 남 탓으로 돌리고 방치하는 태도는 사라졌을 것이다.

그러므로 이번에는 '어떤 방법이 있는지'를 찾을 차례다. 가능한 방법을 처음부터 잘 알고 있었다면 고민할 필요도 없었을 테니 **질문 3**을 통해 '답을 찾기 위한 방법'을 생각해 보자.

질문 3이 상세해질수록 구체적인 해결법을 찾기가 쉽다.

다음의 **질문 4** '이것은 내 미래에 어떤 의미가 있을까?'는 자신에게 긍정적인 의미를 부여하기 위한 질문이다. 이 질문을 통해 '내가 문제를 해결한다는 것'을 현실로 실감하게 된다.

나도 암에 걸렸을 때 '이 일은 나에게 어떤 의미가 있을까?'라고 질문함으로써, 병을 이겨낸다면 자문자답으로 문제를 해결한 실제 사례로 내 경험을 활용할 수 있다는 사실을 깨달을 수 있었다.

그러므로 상사가 생소한 업무를 지시했다 해도 '이 일을 성공시켜 경험을 쌓으면 더 중요한 업무를 맡을 수 있다'고 생각을 바꿔보자. 그러면 그저 상사를 만족시키기 위해서가 아니라 자신의 업무 능력을 향상시키기 위해서 효과적인 전략을 짜내게 될 것이다.

뿐만 아니라 업무를 통해 인간관계를 넓히고 다양한 지식을 습득하는 일에도 관심을 갖게 될 것이다.

마지막의 **질문 5** '지금 내가 해야 할 일은 무엇일까?'는 당신의 구체적인 행동을 촉구하는 질문이다.

여기에 대한 답변은 '일단 정보를 찾아 나서자' 또는 '이 문제를 잘 아는 사람에게 물어보자' 등이다.

이 '스스로 답을 찾는 힘'을 키우는 5가지 질문을 활용하여 자문자답을 반복하다 보면 스스로 긍정적인 행동을 취하게 된다. 또 이런 자문자답은 실천력과 행동력의 원천이 된다.

사고력을 좁히는
나쁜 유형의 질문

반대로 인생이 잘 안 풀리는 사람은 '이것을 어떻게 해야 하지?' 라는 첫 질문을 자신에게 던진 다음, '내가 그걸 알 턱이 없잖아' 또는 '도저히 방법이 없어'라는 답변을 내놓고 더 이상 생각을 하지 않거나 다른 일로 도피하는 등 부정적인 행동을 취한다.

그러므로 앞에서 말한 '스스로 답을 찾는 힘'을 키우는 5가지 질문을 기억해 좋은 첫 질문을 던지고 긍정적인 방향으로 자문자답을 반복하는 것이 중요하다. 여기에 대해서는 PART. 2 '스스로 답을 찾는 힘으로 고민을 해결한 사례 10'에서 자세히 설명하겠다.

'스스로 답을 찾는 힘'이
필요한 이유

무의식중에 이루어지는 자문자답을 통해 부정적인 결론을 내리는 사람이 많다. 그들은 '어쩔 수 없잖아', '아무리 해도 소용없어' 등 자신의 가능성을 스스로 닫아 버리는 대화 유형을 주로 사용한다. 더 심한 경우에는 '난 정말 구제불능이야'라며 자신을 부정하기도 한다.

우리는 왜 이런 부정적인 사고 유형에 쉽게 빠질까?

원래 인간은 몇백만 년 동안이나 수렵채집을 하며 살아왔다. 그렇게 대자연 속에서 죽음과 이웃하며 살다 보니 그야말로 매 순간이 자문자답으로 채워졌을 것이다.

'저기 풀숲이 움직였어. 혹시 맹수가 숨어 있는 게 아닐까?'

'오늘은 폭풍이 올 것 같아. 사냥을 포기하고 동굴에서 기다리는 게 좋지 않을까?'

'낯선 열매인데 독이 들어 있지는 않을까?'

이런 질문에 어떤 답변을 내놓았던 사람들이 살아남았을까?

적극적으로 위험을 무릅썼던 사람보다는 안전한 방법을 택했던 사람들이 생존에 더 유리했을 것이다. 자문자답을 할 때 무심코 부정적 답변을 하는 사람이 많은 데에는 이런 생물학적·유전적 영향이 크다고 생각한다.

인간은 소극적으로 대처해 살아남을 수 있게끔 미래의 불확실성에 대해 공포와 불안을 일으키는 방향으로 진화해 왔다.

그래서 풀숲이 움직이면 '저기 맹수가 숨어 있는 게 틀림없어!'라고 두려워한다. 날씨가 심상치 않으면 '폭풍이 몰아칠 것 같아' 하며 동굴에 틀어박힌다. 처음 보는 열매는 '위험하니까 절대 먹으면 안 돼!'라며 물리친다.

하나같이 논리적 답변이 아닌 '부정적 감정 그 자체'지만, 살아남기 위해서는 불확실성에 대해 두려움이나 불안을 느끼는 편이 안전했을 것이다.

즉 공포와 불안이야말로 지금까지 인간을 보호해 온 본능이라 할 수 있다.

그러나 공포와 불안으로 극복할 수 없는 문제도 있다. 예를 들어 태풍이 몰아칠 때, 상황을 냉정하게 관찰하고 '이 동굴에 있다가는 산사태를 당할 수 있어'라고 판단해 빨리 다른 곳으로 피난해야 할 수도 있다. 동굴에 틀어박히면 오히려 위험할지도 모른다.

공포와 불안에 지배당하는 사람은 새로운 음식이나 더 좋은 거주지를 찾아내지 못한다. 게다가 목숨을 빼앗길 만한 위험이 거의 없는 현대에 공포와 불안을 회피하기만 하면 아무것도 하지 못한 채로 인생을 마감하게 될 것이다.

'해고당하면 어떻게 하지?' 또는 '상사가 화를 낼지도 몰라'라는 두려움과 불안은 우리의 생존을 위협하는 본질적인 문제가 아니다.

그러므로 문제를 해결하고 원하는 인생을 살고 싶다면 자문자답을 통해 불확실성에 대한 막연한 공포와 불안을 극복할 필요가 있다.

상상력이 불러온
공포와 불안을 극복하는 질문

공포와 불안은 상상력이 만들어 낸 감정에 불과하지만, 많은 사람이 성장 과정에서 상상을 두려움과 불안으로 바꾸는 회로를 머릿속에 구축한다.

예를 들어, 자신이 많은 사람에게 사랑받는 것처럼 열심히 연기하는 사람이 종종 있다. 이들은 대부분 어릴 때 부모에게 무조건적인 사랑을 받지 못한 탓에 '나는 있는 그대로의 모습으로는 사랑받지 못한다'는 불안을 본능적으로 느낀다.

또 부모가 '넌 이렇게 해야만 해'라거나 '○○가 착하게 굴면 엄마가 기쁠 거야'라는 말을 어릴 때부터 거듭 들려주었다면, 일정한 조건을 만족시켜야만 사랑받을 수 있다는 믿음이 무의식중에 생기게 된다.

그런 사람이 타인을 대할 때 자신에게 주로 던지는 첫 질문은 다음과 같다.

'또 미움받지는 않을까?'
'나를 싫어하면 어떻게 하지?'

이런 질문으로 자문자답을 시작하면 점점 있는 그대로의 자기 자신을 드러내지 못하게 되고 남에게 받아들여지기 쉬운 자아상을 꾸며서 만들어 내고 만다.

'인기 있는 사람이 되려면 항상 웃어야 해.'
'피곤해서 집에 가고 싶어. 하지만 상대방이 나를 사교성이 부족한 사람으로 보면 어떻게 하지?'

이런 사람들은 인간관계에서 실패를 겪을 때마다 자신의 결점에 더욱 민감해진다.

'저 사람이 기분 나빠진 건 나 때문일지도 몰라.'
'나의 이런 점을 싫어하는 게 아닐까?'

이들은 '나는 있는 그대로의 모습으로는 사랑받을 수 없다'는 신념(belief)에 기초하여 질문을 만들어 낸다. 그리고 이를 통해 자신의 결점을 깨닫고 부정적 감정을 강화하며 부정적 행동을 취한다. 코칭에서는 이런 일련의 흐름을 '빌리프 시스템'(신념 체계)이라 부른다.

일단 이 시스템이 생성되면 행동을 유발하는 사고 과정이 자동화되므로 좀처럼 그 악순환에서 벗어나지 못한다.

'있는 그대로가 좋은거야!'
'누군가가 당신을 싫어하더라도 당신답게 살면 되잖아!'

그렇게 말하기는 쉽지만, 인간은 근본적으로 공포와 불안이라는 본능적 감정이 강하기 때문에 그런 사고 습관을 쉽게 바꿀 수 없다.

그래도 방법은 있다. 잘못된 믿음에서 생겨난 잘못된 질문에 맞서, 문제를 해결할 올바른 질문을 의식적으로 던지면 된다.

'정말로 나는 미움을 받을까?'
'상대가 정말 누군가를 싫어한다면 그것은 어떤 때일까?'

'내가 진심으로 바라는 것은 무엇인가?'
'상대가 원하는 것은 무엇인가? 다른 방법으로는 상대를 만족시킬 수 없을까?'

 이처럼 다양한 각도에서 질문을 던짐으로써 상상이 낳은 공포와 불안을 완화할 수 있다.
 이런 자문자답을 반복하다 보면 잘못된 신념도 조금씩 바뀌어 갈 것이다.

스스로 답을 찾는 힘

'스스로 답을 찾는 힘'을
키우는 5가지 질문을
반복하다 보면
긍정적인 행동을
취하게 된다

결국
자문자답은
실천력과 행동력의
원천이 된다

해결책이 없는 문제를
맞닥뜨렸을 때 풀어주는 질문

아무리 생각해도 해결책이 없어 보이는 문제에 직면했을 때 당신은 어떤 감정이 드는가? 두려움과 불안감이 드는 건 당연한 일이다.

'최악의 상사와 함께 일하게 되었다.'
'일을 하다가 지금까지 경험하지 못한 사태에 직면했다.'
'근거 없는 모함에 빠졌는데도 주변에서 나를 믿어 주지 않는다.'

이럴 때면 누구나 앞으로 무슨 일이 일어날지 모른다는 불안과 두려움을 느끼기 마련이다. 인간은 불확실한 미래에 대해 자연스럽게 부정적 감정을 느끼도록 진화했기 때문이다.

스스로 답을 찾는 힘

이럴 때 우리는 자신에게 이런 질문을 던지기 쉽다.

'나는 과연 어떻게 해야 할까?'

그러나 불확실한 문제에 대해 이런 질문부터 던진다면 어떻게 될까?
그 문제가 나에게 미지의 영역인 이상, 아무리 자신에게 질문을 던져도 답은 나오지 않는다. 그래서 많은 사람이 긍정적인 자문자답을 이어가지 못하고 도저히 방법이 없다며 사고 정지 상태에 빠져 버린다.
이럴 때 우리가 자각해야 하는 것은 '내 머릿속을 아무리 뒤져도 답변을 찾을 수 없다'는 사실이다.
따라서 '어떻게 해야 할까?'라는 질문은 의미가 없다. 대신 이런 질문이 필요하다.

'답이 있다면 그것을 어디서 찾을 수 있을까?'
'누가 답을 알고 있을까?'

이렇게 질문 내용을 바꾸어야만 긍정적인 답을 찾는 방향으로 나아갈 수 있다.

당장 해야 할 일을
명확히 알려주는 질문

나도 암에 걸렸을 때 '내가 어떻게 해야 할까?'라는 질문을 던졌다.
 하지만 누구에게나 암 선고란 뜻밖의 상황이기 마련이다. 그러므로 의사가 아닌 이상 머릿속에 해결책이 있을 리가 없다. 그러니 '어떻게 해야 하지?'라고 아무리 생각해도 답이 나오지 않는 것이 당연했다.

 하지만 방향을 바꿔 '이 문제를 해결할 수 있는 사람이 어디 있을까?'라고 질문했더니 내가 할 일이 명확해졌다.
 일단 정보를 최대한 모아서 암을 극복한 사람의 이야기나 암을 치료할 수 있다고 주장하는 의사의 글을 찾아보았다. 인터넷을 검색하고 책을 읽고 명의로 소문난 의사를 만나러 갔다.
 이렇게 병을 극복할 방법을 알아보고 다양한 정보를 모은 후에는, 생각해서 실천하는 일만 남는다.
 이처럼 효과적인 자문자답을 활용하면 어떤 곤란과 역경을 만나더라도 자신이 해야 할 일이 명확해진다. 결과적으로 그 행동이 성과로 이어진다.

스스로 답을 찾는 힘

난관에 봉착했을 때
가장 먼저 자신에게 물어야 할 질문

문제에 직면했을 때 우리가 제일 먼저 던질 질문은 '나는 과연 어떻게 해야 할까?'가 아니다.

그 대신 '내가 얻고 싶은 결과는 무엇인가?'라는 질문을 던져야 한다.

이 질문은 '나에게 소중한 것은 무엇일까?'라고 바꿔 말할 수도 있다.

여기서 '스스로 답을 찾는 힘'을 키우는 5가지 질문을 한 번 더 살펴보자.

인생이 잘 풀리는 5가지 질문

 **내가 얻고 싶은 결과는 무엇인가?**
······▶ 문제를 '나의 일'로 받아들이기 위한 질문

 나는 왜 그것을 얻고 싶은가?
······▶ 목적을 명확히 알기 위한 질문

 **어떻게 하면 그것을 성취할 수 있을까?**
······▶ 실현 가능성을 높이기 위한 질문

 **이것은 내 미래에 어떤 의미가 있을까?**
······▶ 좋은 의미를 부여하기 위한 질문

 지금 내가 해야 할 일은 무엇인가?
······▶ 행동을 개시하기 위한 질문

스스로 답을 찾는 힘

가장 먼저 해야 할 것을
찾아주는 질문

'내가 얻고 싶은 결과는 무엇인가?'라는 질문을 첫 질문으로 설정한 사람은 무슨 일이 닥쳐도 이를 돌파할 방법을 찾는 답변을 이끌어 낼 수 있다.

그것은 왜일까?

내가 병에 걸렸을 때를 생각해 보자.

당시 내가 얻고 싶은 결과는 '죽지 않고 사는 것'이었으니 이 질문은 간단해 보인다.

하지만 '사는 것'을 더 깊이 파헤쳐 보면 어떨까?

'살아남기만 하면 그걸로 괜찮을까?'
'나는 살아서 어떤 인생을 맛보고 싶은가?'

문제를 파헤친 결과, 병과 관계없이 진심으로 내가 원하는 삶이 무엇인지 명확해졌다.

아내와 아이, 지금까지 나를 지탱해 준 동료와 선배, 은사들의 얼굴을 떠올리다 보니 나는 '나의 일을 통해 세상에 공헌하는 삶'을 원한다는 생각이 들었다.

그것을 깨닫게 해 주었기 때문에 '암은 나에게 선물이었다'고 감사하게 된 것이다.

이미 말했다시피 인간은 생물학적 특징 때문에 무언가 문제가 있으면 불안과 공포를 제일 먼저 상상하고 거기에 사로잡힌다.

그래서 부정적인 첫 질문이나 이에 기초한 자문자답을 시작하기 쉬운데, 그 탓에 많은 사람이 걱정하고 고민하느라 지나치게 많은 에너지를 쓴다.

뇌과학적으로 보면 평범한 인간이 사고에 활용하는 뇌 영역은 그다지 넓지 않다.

분명 뇌 전체의 용량은 방대하지만 호흡과 소화 등 생명 유지 활동에 사용되는 부분이 따로 있고, 뇌가 워낙 대량의 에너지를 소비하는 기관이라서 비상상태가 아니면 완전히 가동되지 않기 때문이다.

즉 인간은 평소에는 뇌의 한정된 부분을 '워킹 메모리(작업 기억)'로 사용하고, 그 부분을 통해서만 사리를 판단하고 사고를 한다. 비유하자면 컴퓨터의 CPU 같은 것이다.

이 워킹 메모리를 고속으로 가동시키는 사람이 소위 말하는 '두뇌 회전이 빠른 사람'이다.

그러나 이런 능력은 두뇌의 우수함과는 큰 관계가 없다. 아무리

스스로 답을 찾는 힘

머리가 좋은 사람이라도 생각할 것이 너무 많거나 걱정거리가 있으면 뇌의 용량이 그만큼 줄어든다. 그래서 다른 생각을 할 때 처리 속도가 늦어진다.

예를 들어, 아침에 배우자와 싸우고 나와서 종일 '그런 말을 하지 말 걸 그랬어' 하며 후회하는 사람이 있다고 하자. 그는 후회와 고민, 배우자와의 관계를 걱정하는 일에 워킹 메모리의 대부분을 사용한다. 그러니 일이 잘 풀리거나 좋은 아이디어가 척척 떠오를 리 없다.

즉, 머리 좋은 사람이란 단순히 두뇌 회전이 빠른 사람이 아니라, 쓸데없는 생각을 머릿속에서 지우고 '생각해야 할 중요한 일'에 집중함으로써 뇌를 효율적으로 활용하는 사람이라고 할 수 있다.

문제의 해결책을 금세 찾아내 목표를 달성하고, 자신의 행복을 위한 전략을 거침없이 수행하는 사람 역시 이처럼 '생각해야 할 중요한 일'에 집중할 줄 아는 사람이다.

그러므로 '내가 얻고 싶은 결과는 무엇인가?', '나에게 중요한 것은 무엇일까?'라는 질문이야말로 중요한 일에 정신을 집중해 좋은 자문자답을 이끌어 내는 데 가장 효과적인 첫 질문이다.

그럼 5가지 질문을 이용해 어떻게 올바른 자문자답을 해야 할까?

다음 PART. 2 '스스로 답을 찾는 힘으로 고민을 해결한 사례 10'에서는 실제 적용한 사례를 통해 그 결과를 살펴보자.

- 사람은 첫 질문으로 시작되는 자문자답을 하루에 3만~4만 번 이상 무의식적으로 반복하며 다음 행동을 결정한다.

- 누구나 자신에게 좋은 질문을 던지고 좋은 답변을 내놓음으로써 행동을 변화시킬 수 있다.

- 인생이 잘 풀리는 사람은 '좋은 자문자답'을 만들어 낼 수 있는 사고 회로를 갖고 있어서, 공포와 불안 같은 본능에 좌우되지 않는다.

- 누구나 '좋은 자문자답'을 배움으로써 성공하는 사람의 사고 회로를 도입할 수 있다. 단지 '스스로 답을 찾는' 5가지 질문 유형을 익히는 것만으로도 인생이 달라진다.

'스스로 답을 찾는 힘'으로 고민을 해결한 사례 10

앞에서 올바른 답을 이끌어 내고
고민을 해결하기 위한 방법으로
'5가지 질문'을 소개하였다.
그럼, 이 질문을 이용해 구체적으로
어떻게 자문자답하면 될까?
PART. 2에서는 '스스로 답을 찾는 힘'을 키우는
효과적인 자문자답 요령을 주변에서 흔히 볼 수 있는
10가지 사례를 들어 설명한다.

회사의 앞날이
어두워 보일 때

사례 1

다니고 있는 회사의 형편이 갑자기 나빠져 올해 상여금이 나오지 않는 데다 급여도 줄인다는 소식이 들려온다. 이대로 가다가는 회사가 망할지도 모른다. 이런 상황에서 나 자신에게 어떤 질문을 던져야 할까?

사례 1 회사의 앞날이 어두워 보일 때

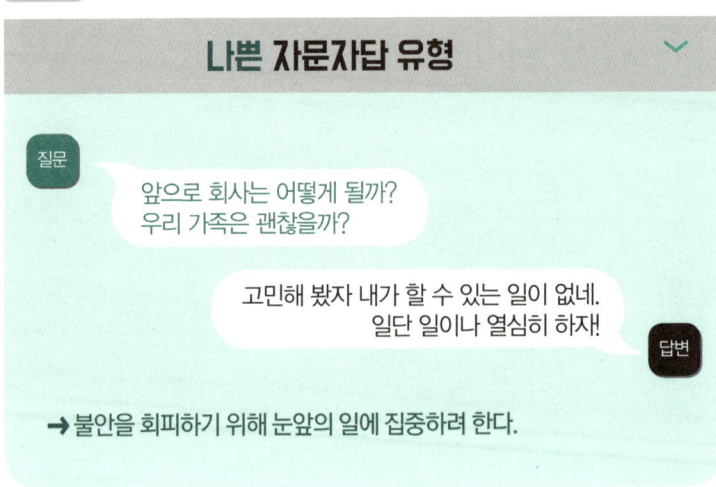

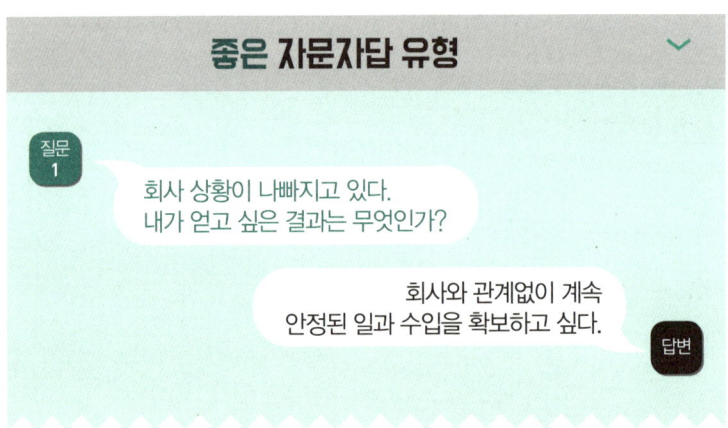

질문 2 왜 그것을 얻고 싶은가?

> 경제적으로 불안하지 않아야 가족이 안심하고 생활할 수 있으니까. `답변`

> 아이 학비 때문에 고민하지 않아도 되고 가족 여행을 할 여유도 생긴다. `답변`

질문 3 어떻게 하면 그것을 실현할 수 있을까?

> 지금 회사에만 의존하는 것은 리스크가 있다. `답변`

> 회사에 보탬이 되도록 일을 열심히 하자. `답변`

> 동시에 인맥과 비즈니스 지식을 늘려 나 자신을 성장시키자. `답변`

질문 4 이건 내 미래에 어떤 의미가 있을까?

> 회사에는 위기지만 나에게는 좋은 성장의 기회인지도 모른다. `답변`

질문 5 지금 내가 해야 할 일은 무엇일까?

> 일단 비즈니스 스쿨을 알아보자. 무엇을 배우는 게 좋을까? `답변`

사고력 좁은 사람의
자문자답 유형

PART. 1 '스스로 답을 찾는 힘을 키우는 5가지 질문'에서 말했다시피 사람은 공포와 불안을 느낄 때 본능적으로 소극적인 반응을 취한다.

사례 1의 나쁜 자문자답 유형이 그 대표적인 예인데, '나로서는 어쩔 수 없다', '아무리 생각해도 방법이 없다', '흐름에 맡기자'며 문제를 회피하고 답을 미루는 식이다.

사람들 대부분은 상황이 크게 달라질 때까지 이런 사고 정지 상태에 머무른다. 하지만 그러다 정신을 차렸을 때에는 회사가 망해서 길거리를 헤매는 자신을 발견하게 될지도 모른다.

그때는 '이럴 줄 알았으면 빨리 움직일 걸' 하며 후회해도 소용이 없다.

현실 세계에서 재빨리 행동하는 사람은 극소수에 불과하다.

대다수가 이런 사고 정지 상태에 빠지는 이유는 무엇일까? 역시나 자신에게 던지는, 즉 첫 질문이 잘못되었기 때문이다.

'앞으로 회사는 어떻게 될까?'

'내 미래는 이제 어떻게 될까?'

이 질문들은 회사나 주변 환경 등 자신이 통제할 수 없는 '외부 상황'에 대한 것이다. 이렇게 질문하면 문제는 언제나 '남의 일'이 된다. 그러므로 자신이 할 일을 찾기보다는 세상의 흐름과 경영자의 판단을 따르기만 하면 된다는 결론이 나온다.

한편 '스스로 답을 찾는 힘'을 키우는 5가지 질문의 첫 번째인 '내가 얻고 싶은 결과는 무엇인가?'를 살펴보자. 이것은 PART. 1에서 설명했듯 문제를 '내 일'로 받아들이기 위한 첫 질문이다.

여기에 대한 답변은 '안정된 수입을 얻고 싶다', '행복해지고 싶다', '사람들에게 인정받고 싶다', '믿음직한 존재가 되고 싶다' 등이 나올 수 있다.

성취하고 싶은 욕망은 무엇이든 괜찮다. 다만 이때 '내가 바라는 것'과 '내가 원하는 것'에 초점을 맞추어야만 좋은 자문자답이 이루어진다는 점을 기억하자.

나는 대학 시절 검도부원이었는데 대학 부속중학교의 검도부 학생들을 지도할 기회가 있었다.

그 팀은 패배주의에 젖어 있어 지는 것을 당연하게 여겼고, 활력이 전혀 없었다. 그런데 웬일인지 부원 중 2명만은 '검도를 시작한 이상 더 강해지고 싶다!'는 포부를 갖고 열심히 연습하는 학생이었다.

그래서 나는 그 둘을 리더로 삼았다. 그 후 팀의 분위기가 거짓말처럼 달라졌고 성적도 좋아졌다.

좋은 자문자답을 하는 사람과 그렇지 않은 사람은 그만큼 큰 차이를 낸다.

회사와 일이 마음에 들지 않아서
출근하기 싫을 때

사례 2

이번에는 '○○가 싫다', '○○하기 싫다'라는 부정적 고민이 있을 때의 자문자답을 살펴보자. 어떻게 해야 부정적인 마음을 씻어내고 앞으로 나아갈 수 있을까?

불합리한 상사나 까다로운 고객 등 인간관계 때문에 출근하기 싫어진 경우의 사례를 살펴보자.

사례 2 **회사에 출근하기 싫을 때**

나쁜 자문자답 유형

질문: 또 월요일이야. 회사 가기 싫다.

답변: 아……, 피곤해.

답변: 그러고 보니 요즘 컨디션이 좋지 않네.

질문: 회사에서 상사 얼굴을 볼 생각만 해도 가슴이 답답해.

답변: 아무 생각 없이 쉬고 싶다.

질문: 안 가면 안 되겠지? 오늘 거래처에 가기로 했잖아.

답변: 쉬고 싶을 때 쉬지도 못하고 이 회사는 진짜 나쁜 회사야!

→ 출근하지 않아도 되는 이유를 열심히 찾거나 남 탓을 한다.

좋은 자문자답 유형

정말 출근하기 싫다. 지금 내가 얻고 싶은 결과는 뭐지?

인간관계가 더 나은 직장에서 일하고 싶어.

왜 나는 그걸 얻고 싶을까?

혼자 일하는 것보다 다른 사람과 힘을 합쳐 뭔가를 이루는 게 좋으니까.

어떻게 하면 그걸 실현할 수 있을까?

다른 사람과 함께 일할 수 있는 아이디어를 내 보자.

내 미래에 어떤 의미가 있을까?

매일의 업무가 아주 즐거워질 거야.

지금 내가 할 수 있는 일은 뭘까?

함께 일하고 싶은 사람들과 의논해 보자. 좋은 아이디어가 나올지도 몰라.

자문자답 유형 중
가장 나쁜 유형

'스스로 답을 찾는 힘'을 키우는 5가지 질문 중 맨 처음으로 '내가 얻고 싶은 결과는 무엇일까?', '나는 과연 어떻게 되고 싶을까?' 라고 자신에게 묻는 것이 좋은 자문자답 유형이라고 했다.

'내가 싫어하는 상사나 고객에게서 도망치고 싶다' 등의 답은 진정으로 원하는 것이 아니다. 지금의 인간관계에 만족하지 못하는 진짜 이유가 '보다 나은 인간관계 속에서 일하고 싶어서'이기 때문이다.

나는 이처럼 마음 깊은 곳의 진짜 욕망을 감추고 있는 표면적 소원을 '가짜 욕망'이라 부른다. 이것을 진짜 욕망으로 착각하고 살다 보면 평생 자신이 원하는 목표를 성취할 수 없다.

앞의 사례 2에서 '상사, 고객과의 불쾌한 인간관계를 피하고 싶다'라는 욕망은 가짜 욕망이고 '양호한 인간관계 속에서 즐겁게 일하고 싶다'가 진짜 욕망이다(가짜 욕망에 대해서는 PART. 3에서 더 자세히 설명하겠다).

사례 2의 좋은 자문자답 유형에서는 자신의 진짜 욕망을 찾아내 보다 나은 업무 환경을 만들기 위한 행동을 하는 데 성공했다.

한편 사례 2의 나쁜 자문자답 유형에서는 상사, 거래처, 회사 모두 이 상황을 만든 나쁜 사람들이라고 단정하며 탓하고 있다.

이것은 자문자답 중에서도 매우 나쁜 유형이다.

이렇게 남 탓을 하는 한 문제를 영원히 해결할 수 없다. 결국 어떻게 해서든 최초의 질문을 통해 이 문제가 내 문제임을 분명히 인식하는 것이 무엇보다 중요하다.

우수한 사람, 사회적으로 성공한 사람이라도 문제를 남 탓으로 돌리다가 좌절하는 경우가 의외로 많다.

진짜 욕망과
가짜 욕망의 차이

얼마 전 나는 어떤 여성을 코칭했다. 금융회사에 근무하는 유능한 커리어 우먼이었는데, 새로운 프로젝트 팀을 맡은 후 고민이 생겼다며 나를 찾아왔다.

의욕 없는 팀원 하나가 자신의 말을 듣지 않아서 마음이 너무 무겁다는 것이었다.

그녀는 나에게 '그 사람을 바꾸려면 제가 어떻게 해야 할까요?'라고 물었다.

그러나 그 여성의 질문은 잘못된 것이다.

남을 바꾸기란 불가능하다.

따라서 그 사람이 바뀌지 않더라도 자신이 바라는 결과를 얻을 방법을 찾아내는 수밖에 없다.

진짜 욕망은 타인의 행동으로 좌지우지되지 않기 때문이다.

스스로 답을 찾는 힘

어려운 과제를 주는 상사 때문에
폭발할 것 같을 때

사례 3

이번에도 불쾌한 인간관계에 대처하는 경우다. 단, 자문자답을 시작하기도 전에 감정이 격해지는 유형이다. 분노, 슬픔, 미움, 불쾌감 등의 감정은 종종 냉정한 사고를 방해한다. 그런 경우에는 어떻게 자문자답을 해 나가면 좋을까? 상사 때문에 화가 치밀어 오를 때를 예로 들어 보자.

사례 3 불합리한 상사 때문에 힘들 때

나쁜 자문자답 유형

질문: 어떻게 저런 인간이 사회생활을 하지? 최악이야! 이해가 안 돼!

답변: 차라리 확 엎어버리고 그만둘까?

답변: 하지만 그랬다간 나중에 더 힘들어지겠지?

답변: 이런 게 사회생활인가. 회사는 정말 힘든 곳이네.

➜ 힘든 상황에서 벗어나기 위해 본심과 다른 방향을 향하다가, 상황을 생각하고 분노를 품은 채 현실과 타협한다.

스스로 답을 찾는 힘

좋은 자문자답 유형

 질문 1
화가 치밀어 올라 미칠 것 같지만, 이 상황에서 내가 얻고 싶은 결과는 뭘까?

상사가 갑자기 무리한 과제를 주지 않았으면 해. 나는 상사를 위해 일하는 게 아니니까. 답변

 질문 2
왜 나는 그것을 얻고 싶을까?

내 페이스에 맞춰 일하고 싶기 때문이야. 내가 하고 싶은 일을 먼저 하고 싶어. 답변

 질문 3
어떻게 하면 그것을 실현할 수 있을까?

회사가 내 의견을 받아들일 만큼 실력을 키우면 되지 않을까? 답변

 질문 4
이 일은 내 미래에 어떤 의미가 있을까?

다른 사람과 일할 때도 내 의견에 힘이 실리면 업무 환경이 훨씬 좋아질 거야. 답변

질문 5
그러려면 내가 뭘 해야 할까?

좋아, 내 의견에 힘이 실릴 방법을 궁리하자. 먼저 서점에 가서 자료를 찾아봐야겠다. 답변

격한 감정에 사로잡혔을 때
가장 먼저 생각해야 할 것

스티븐 코비(Stephen Covey)는 《성공하는 사람들의 7가지 습관》에서 자극과 반응 사이의 간격을 늘리라고 제안했다.

이 책에 따르면, 인간은 곤란한 상황을 맞닥뜨리면 처음 6초 정도는 감정이 확 끓어오른다고 한다. 사례 3의 나쁜 자문자답 유형처럼 말이다. 격한 감정에 사로잡혔을 때의 자문자답은 자문자답의 형태조차 갖추지 못한다. 이처럼 감정이 폭발하는 상태로는 어떤 문제도 해결할 수 없다.

사실 분노는 강렬한 에너지를 포함한 감정이므로 억지로 억누르기가 쉽지 않다. 그러나 이 경우에도 자문자답하는 능력을 활용해 사고를 긍정적인 방향으로 전환할 수 있다. 그렇게 머리를 식히고 나서 행동을 결정하는 것이 좋다.

'내가 바라는 것은 무엇인가?'라고 냉정하게 생각해 보면, 자신을 화나게 하거나 원한을 품게 만든 상대에게 복수하는 것이 진짜 욕망이 아님을 깨달을 것이다.

내가 예전에 상사(商社)에서 일했을 때도 주변 사람을 자주 불쾌하게 만드는 상사가 있었다.

자신의 결점은 덮어두고 남을 비난하는 데만 열중하는 사람이었다. 식사 예절도 형편없어서 뭔가를 먹을 때면 쩝쩝거리는 소리를 냈다. 그런데 한번은 함께 식사하는 자리에서 내가 들고 있던 포크가 접시에 부딪쳐 쨍그랑 소리가 났다. 그랬더니 그가 맹렬한 기세로 설교를 시작하는 게 아닌가.

"이봐, 우리 같은 대기업에서 일하다 보면 높은 사람과 식사할 일이 생긴다고! 식사 예절 하나 못 지켜서야 어디 쓰겠어?"

이때는 나도 속으로 울컥했다.

'뭐야, 본인이나 잘 할 것이지!'

그래도 다행히 가까스로 분노를 억누를 수 있었다.

나는 경영자가 되려는 꿈을 갖고 종합상사에 입사하여 비즈니스 경험을 쌓는 중이었다. 그래서 이런 시시한 문제로 목적을 놓쳐서는 안 된다고 생각했기 때문이다.

그때는 코칭을 배우기 전이었지만 '앞으로 나와 가치관이 다른 사람과 함께 일하려면 이런 경험도 공부가 되겠지'라고 생각하며 상사와의 불쾌한 관계를 극복할 수 있었다.

실제로 그때의 경험은 지금 코칭 현장에서 큰 도움이 되고 있다.

생각만큼 업무 성과가
오르지 않을 때

사례 4

매출이 생각만큼 오르지 않는 데다 기획안도 좀처럼 통과되지 않고 고객 수도 거의 늘지 않는다. 일을 하다 보면 이처럼 다양한 난제에 부딪히게 된다. 중요한 것은 업무 도중에 직면하는 이 문제들을 나에게 주어진 '선물'로 받아들이는 마음가짐이다.

그렇다면 난제를 만났을 때 어떤 자문자답을 하면 좋을까? 매출 목표를 달성하지 못하는 자동차 영업 사원을 예로 들어 보자.

사례 4 매출을 올리고 싶을 때

나쁜 자문자답 유형

 차가 잘 팔리지 않네. 왜지?

불경기잖아. 지금은 차를 사는 사람이 별로 없어.

 더 이상 뭘 할 수 있겠어? 아무래도 어려워.

언젠가 본사도 새로운 차를 출시하겠지.
지금은 내가 할 수 있는 일을 하자.

➜ 팔지 못하는 이유를 외부에서 찾음으로써 스스로의 가능성을 차단했다. 책임을 남에게 미루고 주어진 일만 소극적으로 처리한다.

사례 4 매출을 올리고 싶을 때

좋은 자문자답 유형

질문 1
차가 잘 팔리지 않네. 이럴 때 내가 얻고 싶은 결과는 무엇일까?

답변
성능이 떨어지는 차가 안 팔리는 건 어쩔 수 없어.

답변
하지만 이 스포츠카는 좀 더 팔 수 있을 것 같은데. 이 차를 더 팔면 좋겠다.

질문 2
왜 나는 그것을 얻고 싶을까?

답변
좋은 차잖아. 고객도 이 차라면 아주 만족할 거야.

질문 3
어떻게 하면 그것을 실현할 수 있을까?

답변
이 차에 만족하는 고객에게 사용 후기를 요청하면 어떨까?

답변
인터넷에 올리면 입소문이 좋게 날 거야.

질문 4
이 차가 팔리는 건 내 미래에 어떤 의미가 있을까?

답변
나는 원래 달리는 즐거움을 느끼게 하는 차를 좋아하니까 그런 방면으로 전문화할 수 있을지도 몰라.

질문 5
지금 내가 해야 할 일은 뭘까?

답변
좋아, 기존 고객을 대상으로 설문 조사부터 시작해 보자.

스스로 답을 찾는 힘

능력을 넘어선 문제에 부딪혔을 때
저지르기 쉬운 오류

자신의 능력을 넘어서는 문제에 부딪혔을 때 나쁜 자문자답 유형을 발동시켜 '일단 할 수 있는 일부터 하자'고 결론을 내리는 사람이 매우 많다.

그러나 그렇게 해서는 문제를 해결할 수 없다. 할 수 있는 일부터 한다는 생각은 얼핏 보면 적극적으로 보이지만 사실은 자신의 행동을 일정한 한계 안에 가두기 때문이다.

이유는 이렇다. 지금까지 할 수 있는 일부터 해 왔지만, 계속 실패하지 않았던가?

이런 자문자답은 아무리 반복해도 지금까지와 똑같은 일만 하게 될 테니 상황이 달라질 가능성이 전혀 없다.

한편, 좋은 자문자답의 유형을 보면 이번에도 '과연 내가 얻고 싶은 결과는 무엇일까?'라는 본질을 묻는 질문이 문제 해결의 열쇠가 되었다.

무엇보다 돈을 벌고 싶은지, 상사에게 좋은 평가를 받고 싶은지, 아니면 남에게 도움이 되고 싶은지를 명확히 해야 한다. 그렇게 하면 차를 파는 일만이 목적에 맞는 행동은 아니라는 사실을 깨닫게 된다.

일에서 크게 성공한 사람 중에는 고객을 기쁘게 하고 싶다는 동기가 강한 사람이 많다.

이번 좋은 자문자답 사례도 고객이 좋아할 만한 것을 찾아보려는 의욕적인 영업 사원의 이야기였다. 이 영업 사원이 이런 자문자답을 통해 '자동차로 달리는 즐거움을 전하는 영업인'으로 자신을 특화하는 데 성공한다면 어떨까? 그렇다면 판매 부진이야말로 자신이 진심으로 바라는 것이 무엇인지를 가르쳐 준 선물이 된 셈이다.

내 코칭 경험에 비추어 보아도, '이 상품을 손님에게 팔면 손님이 행복해질 것이다'라고 확신하는 사람들이 성과를 낸다.

내가 가르친 코치 중에 갑작스레 고액의 계약이 성사되자 '내가 이 고객을 만족시킬 수 있을까?'라는 고민에 빠진 사람이 있었다. 이때는 내가 그 코치 입장에서 질문을 대신 던져 주기는 했지만, 이 문답 이후 그는 '그만한 돈을 받아도 그 이상의 만족을 제공할 수 있다'는 자신감을 갖게 되었다.

이처럼, 일에서 맞닥뜨리는 난제는 자신의 진짜 목적을 가르쳐 주는 선물이 된다.

예기치 못한 큰 문제에 부딪혀
의지가 흔들릴 때

사례 5

자문자답의 위력은, 혼자서는 대처할 수 없을 것처럼 보이는 큰 문제에 부딪혔을 때 드러난다. 좋은 자문자답은 문제를 극복할 뿐 아니라 그 이후의 일에도 집중할 수 있게 한다. 이번에는 40대에 구조조정을 당한 사람을 예로 들어 보자.

사례 5 구조조정을 당했을 때

나쁜 자문자답 유형

 내가 왜 구조조정을 당해야 하는 거야!

빨리 재취업할 곳을 찾아야 해.
하지만 이 나이에 쉽게 재취업이 될까?

정말 억울해. 왜 내가 구조조정 대상이 되었냐고!

➜ 가능성보다 한계를 먼저 인식하고 외부 상황을 탓하느라 고통뿐인 감정에서 벗어날 수 없다.

좋은 자문자답 유형

 이미 일어난 일이니 어쩔 수 없고,
여기서 내가 얻고 싶은 결과는 무엇일까?

당연히 새로운 일자리를 찾아 안정된 수입을 얻는 거지.

질문 2

왜 나는 그것을 얻고 싶을까?

나는 내 업무가 싫지 않았어.

물론 생활이나 가족 생각도 해야겠지만, 무엇보다 보람 있는 일을 하며 살고 싶어.

 질문 3

어떻게 하면 그것을 실현할 수 있을까?

구조조정을 당했다고 해서 무조건 타협할 필요는 없어.

나처럼 40대에 구조조정 당했지만 재취업해서 성공한 사람을 찾아보자.

 질문 4

이 경험은 내 미래에 어떤 의미가 있을까?

심기일전해서 다시 일어서면 일하는 행복을 더 만끽하게 될 거야!

질문 5

지금 내가 해야 할 일은 뭘까?

일단은 발이 넓은 친구에게 상담해 보자. 또 세미나와 강연에도 적극적으로 참여하자.

역경을 극복하게
도와주는 질문

스스로는 어찌할 수 없는 문제가 생겼을 때, 사람은 불안과 공포로 사고 정지 상태에 빠진다고 앞에서도 이야기했다.

그러나 '나에게는 방법이 없다'는 생각에 포기하면 안 된다. 세상 어딘가에는 이전에 같은 문제를 경험하고 해결한 사람이 있을 것이기 때문이다.

내가 암에 걸렸을 때도 마찬가지였다.

'어떻게 하면 이 병을 고칠 수 있을까?'라고 질문했지만 당시의 나에게는 지식이 전혀 없었다. 하지만 어딘가에 암을 이미 극복한 사람이 있을 것이라고 생각했다. 그래서 투병 체험을 기록한 인터넷 게시물을 찾아다녔다. 건강에 관한 서적도 많이 읽었으며, 믿을 만한 의사가 있으면 가능한 한 찾아가 이야기를 들어보려고 노력했다.

'내가 원하는 결과를 이미 얻은 사람은 어디 있을까?'
'어떻게 하면 그 사람에게서 배울 수 있을까?'
'잘 대처하고 있는 사람은 어떤 방법을 활용했을까?'

이런 질문은 자기가 지금까지 겪은 적 없는 큰 문제에 관해서도 올바른 답변을 이끌어 내게 해 준다.

단지 '병을 고쳐야겠다'든지 '재취업을 해야 한다' 정도의 목표로는 난제를 돌파할 만한 에너지가 좀처럼 샘솟지 않는다.

내가 괴로운 투병 생활을 견디며 정보 수집을 끈질기게 지속할 수 있었던 것은 병이 나은 후의 미래, 즉 타인에게 공헌하는 삶을 계속 상상했기 때문이다.

그러므로 병을 고쳐야겠다 또는 재취업을 해야겠다는 단순한 욕망이 아니라 좀 더 가슴 설레는 미래, 어떻게든 실현하고 싶다는 의지를 불러일으키는 미래를 향한 강한 욕망이 필요하다.

5가지 질문 중 4번째인 '이것은 나에게 어떤 의미가 있을까?' 야말로 여기에 딱 들어맞는 질문이다.

이 질문을 통해 모호한 미래가 구체성을 띠게 되므로 그것을 진심으로 실현하고 싶다는 의지도 생겨난다. 그 미래상이 마음속에 깊이 뿌리내리면 억지로 애쓰지 않아도 이 책에서 소개한 자문자답을 무의식중에 반복하게 될 것이다.

내 의견이 남에게
잘 받아들여지지 않을 때

사례 6

기획을 제안했지만 상사가 인정해 주지 않는다. 그 이유는 다양하다. 그러나 홧김에 '회사가 틀렸다'라거나 '상사의 머리가 굳었다'고 단정을 지어서는 발전이 없다.

이럴 때는 기획 제안에 실패했다는 사실을 인정하고 다음 대책을 생각하는 것이 중요하다. 이때 어떤 자문자답을 하면 좋을까?

사례 6 상사가 내 기획을 퇴짜놓았을 때

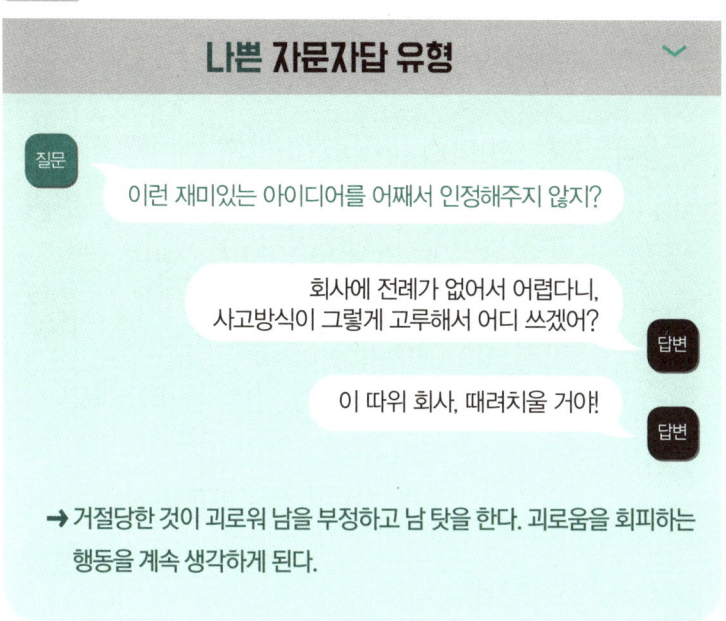

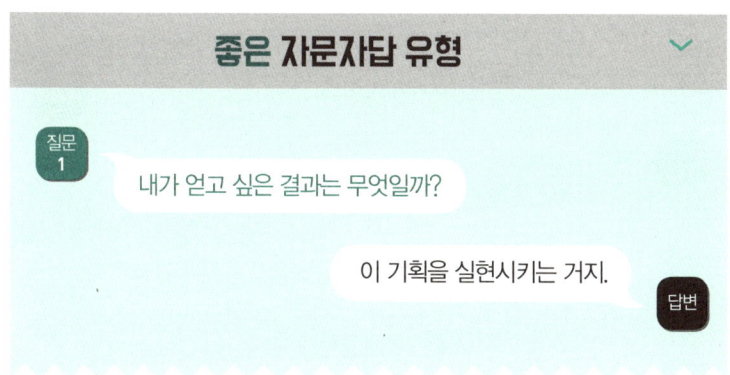

질문 2 나는 왜 그것을 얻고 싶을까?

> 이 기획이 성공할 거라는 확신이 있으니까! 성공시켜서 좋은 평가를 받고 싶어. **답변**

> 어쩌면 내 기획의 근거가 상사에게 충분히 전달되지 않았는지도 몰라. **답변**

 질문 3 어떻게 하면 그것을 실현할 수 있을까?

> 자료를 더 모으고 기획안을 개선해서 다시 제출하면 가능성이 있지 않을까? **답변**

 질문 4 이 기획안은 내 미래에 어떤 의미가 있을까?

> 이 기획이 실현되면 회사와 고객, 사회에 도움이 될 거고 나도 성장할 수 있어. 그러니 포기할 수 없어. **답변**

 질문 5 지금 내가 해야 할 일은 뭘까?

> 좋아, 한 번 더 기획안을 만들어 도전해 보자. **답변**

스스로 답을 찾는 힘

거절에 대한 반발과
결과를 인정한 사례 비교

기획이 거절당한 현실 앞에서 자신의 잘못을 인정하기보다 '저 따위 상사' 또는 '이 따위 회사'라며 반발한 사례, 사실을 그대로 인정한 사례를 대조해 보았다.

이 둘의 결과는 나중에 아주 큰 차이를 낸다.

즉, 상사와 회사를 탓하던 사람은 결국 기획안 통과를 포기할 수밖에 없었고, 실패를 인정한 사람은 기획안을 다시 만들어 한 번 더 제출하자는 결론에 도달했다.

새로운 일을 실현시키는 사람은 대개 후자와 같은 식으로 사고를 발전시키는 사람이다.

아무리 참신한 아이디어더라도 반대하거나 무리라고 하는 사람은 있게 마련이다. 그러므로 기획안이 반려되는 일도 한두 번이 아닐 것이다.

어떤 실패든 '성공의 과정'으로 받아들이면, 실패한 기획을 개선하거나 수정해 좀 더 실현 가능한 형태로 다듬어 나갈 수 있다.

이처럼 좋은 질문으로 좋은 자문자답을 반복하다 보면 자신의 목표를 포기하지 않고 실현하기 위해 거듭 도전하게 되며, 결국 좋은 결과를 이끌어 내게 된다.

그러기 위해서는 역시 **질문 4**가 중요하다.

즉, 생각과 다른 결과가 나왔을 때야말로 '이것은 내 미래에 어떤 의미가 있을까?' 또는 '이 사건에서 배울 것은 무엇인가?'라고 생각해야 한다.

나는 예전에 창업했다가 실패한 적이 있다. 지금의 회사를 세우기 전의 일인데, 지인과 함께 창업했다가 결국은 도산하여 무일푼이 되어 버렸다.

지금 생각하면 이때 얻은 교훈이 있었기 때문에 현재의 회사를 성공시킬 수 있었다.

처음 창업을 할 때는 나와 가치관이 다른 사람과 손을 잡아야 했고, 내가 바라지 않는 방식으로 일했다. 그런 흐름을 끊을 수 있었다는 점에서는 실패를 맛보고 무일푼이 된 것도 결코 손해는 아니었다.

어떤 문제에서든 교훈을 얻으면 다음 단계로 도약하는 데 활용할 수 있다. 자문자답을 통해 자신에게 그 사실을 일깨워 주자.

'내게 왜 이런 일이?'라고 생각되는
불운을 당했을 때

사례 7

아무리 열심히 살더라도 뜻밖의 불운을 당할 때가 있다. 때마침 나쁜 일이 겹치기라도 하면 '어째서 나에게만 이런 일이 일어날까?'라며 세상을 부정적으로 보기 쉽다. 그럴 때는 어떤 자문자답을 해야 할까? 지갑을 잃어버린 사람을 예로 들어 보자.

사례 7 부주의로 지갑을 잃어버렸을 때

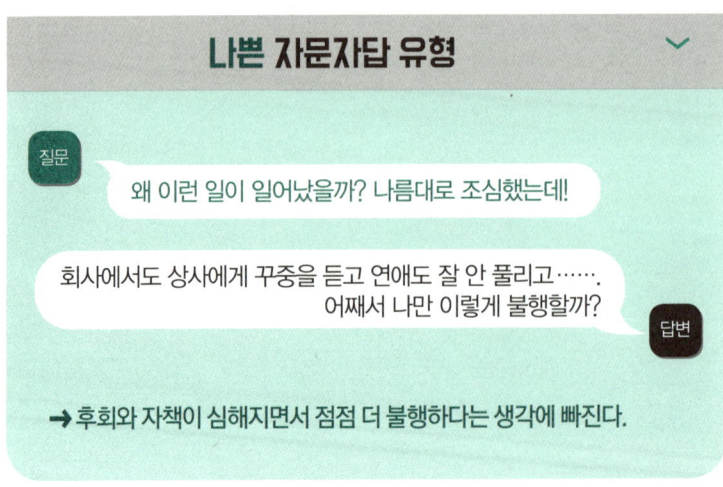

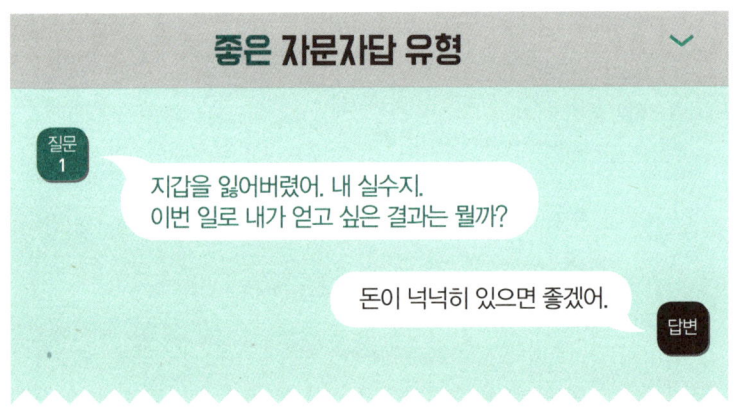

스스로 답을 찾는 힘

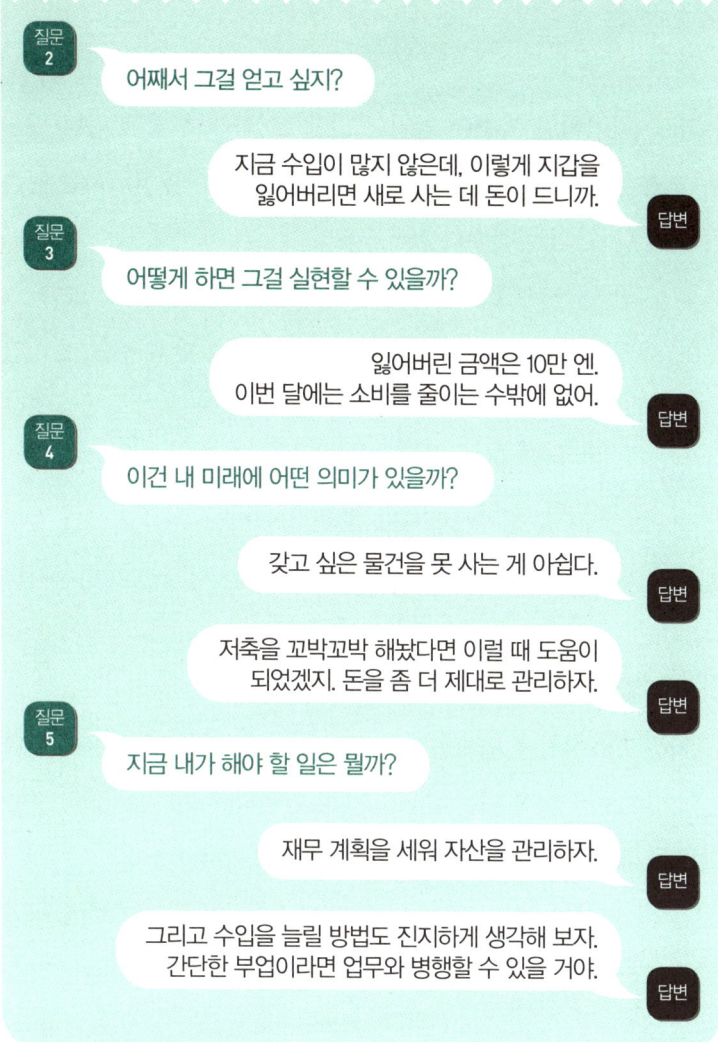

불운을 행운으로 바꾸는 힘

지갑을 잃어버린 사건은 엄밀히 말해 조금 더 신경 썼다면 막을 수 있는 일이었다. 그래도 방심한 사이에 지갑을 잃어버리는 일은 누구나 할 수 있는 실수다.

나는 삼 년 연속으로 큰돈이 든 지갑을 잃어버린 적이 있다. 그런데 웬일인지 매번 누군가가 지갑을 경찰서에 맡겨 주었고, 지갑은 나에게 돌아왔다. 그때마다 사람들의 성실함에 진심으로 고마워했다.

한편으로는 좀 실망스럽기도 했다. 잃어버린 돈이 돌아와 실망했다니 이상한 소리로 들릴지도 모르겠지만, 사정을 설명하자면 이렇다.

처음으로 지갑을 잃어버렸을 때의 일이다. 당시 지갑 안에는 15만 엔(약 150만 원)이 넘는 큰돈이 들어 있었다.

그래서 지갑을 잃어버린 것을 알았을 때 부주의했던 나 자신에게 화가 났지만 이내 '잃어버린 건 어쩔 수 없다. 어차피 일어난 일이니 이 사건을 하나의 계기로 삼자'고 의식적으로 자문자답을 해보았다.

그러자 곧 '그래, 연간 15만 엔을 절약하기 위한 계획을 짜야겠다. 그렇게 하면 십 년간 150만 엔이나 저축할 수 있어!'라는 아이디어가 떠올랐다.

하지만 아이디어는 거기서 끝나지 않았다.

'개인적인 저축에 그친다면 뭔가 시시해. 또 어떤 일을 할 수 있을까? 그래! 열심히 일하는 직원들의 월급을 15만 엔씩 올려 줄 계획을 짜자!'

이런 생각을 하다 보니 돈을 잃어버린 것이 오히려 설레는 사건으로 다가오기 시작했다.

그리고 바로 다음날부터 생각을 실행에 옮길 전략을 짜기 시작했다.

이런 경험을 한 후부터 돈을 잃어버리고 나면 '자, 또다시 새로운 계획을 짜야겠다'며 마음이 설레기 시작한다.

금세 지갑이 돌아오면 처음의 결심이 꺾이는 듯한 기분이 들어 오히려 김이 빠졌다. 그래서 찾은 돈을 몽땅 기부하기도 했다.

이런 식으로 모두가 불운이라 생각하는 사건을 행운으로 받아들이는 사람도 있다. 자문자답으로, 불운도 행운으로 바꿀 수 있는 것이다.

나에게는 불가능한
과제가 주어졌을 때

사례 8

감당하기 어려운 과제를 떠맡았을 때 '못하겠다'는 생각이 먼저 들어 사고 정지에 빠지는 사람이 많다. 그러나 회사에서 일하다 보면 어려운 업무를 떠맡게 되는 일이 비일비재하다. 회사에서 높은 평가를 받는 사람의 경우, 얼핏 보면 모든 일을 거침없이 해 내는 것처럼 보여도 사실은 어려운 과제를 가까스로 해결하고 있을 때가 많다.

그럴 때의 자문자답을 살펴보자. 이번에는 문제 사원을 부하로 떠맡게 된 경우를 예로 들었다.

사례 8 문제 사원을 부하로 떠맡게 되었을 때

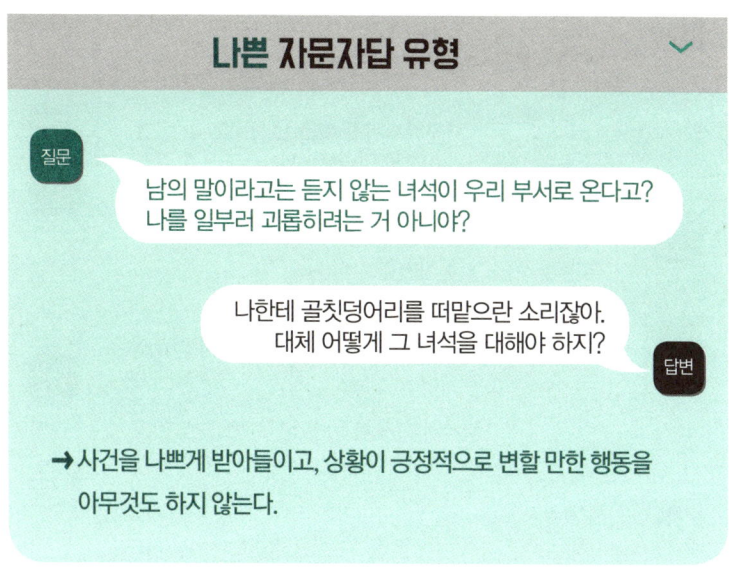

나쁜 자문자답 유형

질문: 남의 말이라고는 듣지 않는 녀석이 우리 부서로 온다고? 나를 일부러 괴롭히려는 거 아니야?

답변: 나한테 골칫덩어리를 떠맡으란 소리잖아. 대체 어떻게 그 녀석을 대해야 하지?

➜ 사건을 나쁘게 받아들이고, 상황이 긍정적으로 변할 만한 행동을 아무것도 하지 않는다.

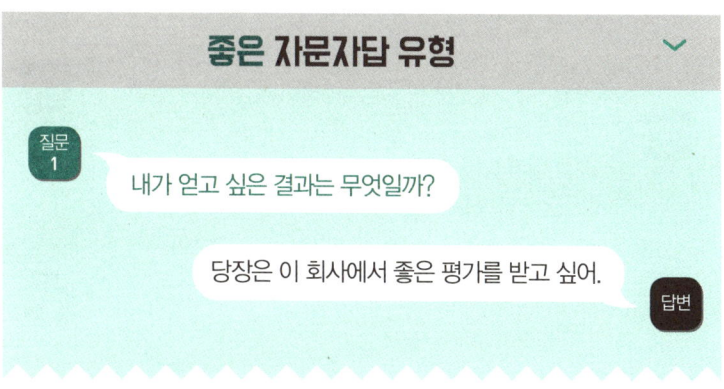

좋은 자문자답 유형

질문 1: 내가 얻고 싶은 결과는 무엇일까?

답변: 당장은 이 회사에서 좋은 평가를 받고 싶어.

그걸 얻고 싶은 이유는 무엇일까?

지금까지의 노력을 보상받을 수 있고, 업무 범위를 넓힐 수도 있으니까.

어떻게 하면 그걸 실현할 수 있을까?

일단 부하를 맡은 이상 그를 교육시키는 게 내 임무야.

상사와 회사가 무슨 생각으로 보냈든지 나는 역할을 다하는 수밖에 없어.

이 일은 내 미래에 어떤 의미가 있을까?

좋아, 모두가 포기한 문제 사원을 떠맡고도 팀 실적을 척척 올려 보자.

그러면 관리자로서의 능력을 인정받겠지!

지금 내가 해야 할 일은 무엇일까?

일단은 새로운 부하를 잘 파악해야겠다. 이참에 코칭을 배워서 시험해 볼까?

스스로 답을 찾는 힘

'할 수 있다, 할 수 없다'보다 더 중요한 것

PART. 1 '스스로 답을 찾는 힘을 키우는 5가지 질문'에서 첫 질문에 대해 설명했지만, 어려운 문제에 직면했을 때 '내가 할 수 있을까?'라는 질문을 처음으로 던지면 사람은 자연스럽게 가능성을 부정하기 위한 정보를 찾는다.

이 사례를 살펴보면, '저 사원은 건방져' 또는 '모두가 애를 먹고 있어'라는 소문이 그처럼 가능성을 부정하기 위한 정보에 해당한다. 그러나 이것들은 잘못된 정보일 때가 많다.

예를 들어, 8개 회사 중 7개 회사가 창업 후 오 년 이내에 도산한다고 알려져 있다. 무의식적으로 '내가 할 수 있을까?'라고 묻는 사람의 경우, 창업하고 싶은 마음이 있어도 이런 정보 때문에 창업을 포기하기 쉽다.

그러나 데이터에는 즉흥적으로 사업을 시작한 케이스와 처음부터 도산시킬 생각으로 창업한 유령 회사까지 포함되어 있다. 실제로 내 주변에서 창업한 사람들을 보면 오 년 이상 꾸준히 회사를 성장시키는 사람이 대부분이다.

충분히 조사하고 전략을 세워서 창업한 사람의 성공률을 조사한 데이터는 어디에도 없다. 한정된 정보만 믿고 '할 수 있다, 할 수 없다'고 판단을 내리는 것보다 '어떻게 해 나갈까?'라고 방법을 찾는 질문을 하는 것이 중요하다.

고정관념에서 벗어나
장애물을 극복하는 방법

문제 사원을 부하로 떠맡은 이 사례에서도 여러 가지 대처법을 생각할 수 있다.

예를 들어, 내가 존경하는 인물들은 아무리 자신과 가치관이 다른 사람이라도 금세 동료로 만들고 상대가 어떤 반응을 보이더라도 신뢰하고 교제하는 모습을 보여주었다. 그 부하와 그 정도로 친밀한 관계를 쌓아 나가는 것도 하나의 방법일 것이다.

혹은 일정한 거리를 두고 최소한의 신뢰만 쌓으면서 상사와 부하의 관계만 유지하는 방식도 있다. 그 사람이 문제를 일으킨다 해도 나머지 팀원들이 성과를 내면 팀으로서는 충분한 결과를 얻을 수 있다.

좋은 자문자답 유형에서 결론지었듯, 이 상사의 진짜 목적은 문제 사원과 좋은 관계를 구축하는 데 있지 않고 '관리자로서 성공하는 것'에 있다. 그것을 알아챘다면 이제 목적을 달성할 방법을 얼마든지 찾아낼 수 있다.

이처럼 머릿속에 있는 고정관념과 장애물을 걷어내는 데에도 자문자답은 큰 효과를 발휘한다.

상대가 내 말을 듣지도,
기대한대로 움직여 주지도 않을 때

사례 9

상사가 자신을 이해해 주지 않고 부하가 좀처럼 기대대로 움직여 주지 않는다. 사람은 이처럼 생각대로 되지 않는 인간관계로 평생 고민하며 사는 존재다. '내가 진심으로 바라는 것'과 '상대가 진심으로 바라는 것'이 엇갈릴 때는 과연 어떻게 문제를 해결할 수 있을까?

딸이 기대와는 다른 진로를 선택하려 할 때 아버지가 보이는 반응을 생각해 보자.

스스로 답을 찾는 힘

사례 9 의견이 다른 딸을 설득하고 싶을 때

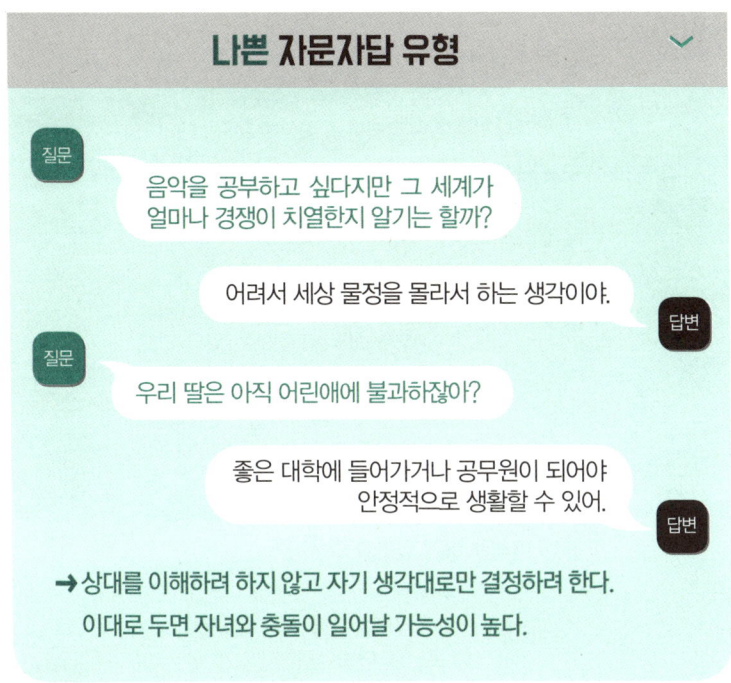

나쁜 자문자답 유형

질문: 음악을 공부하고 싶다지만 그 세계가 얼마나 경쟁이 치열한지 알기는 할까?

답변: 어려서 세상 물정을 몰라서 하는 생각이야.

질문: 우리 딸은 아직 어린애에 불과하잖아?

답변: 좋은 대학에 들어가거나 공무원이 되어야 안정적으로 생활할 수 있어.

→ 상대를 이해하려 하지 않고 자기 생각대로만 결정하려 한다. 이대로 두면 자녀와 충돌이 일어날 가능성이 높다.

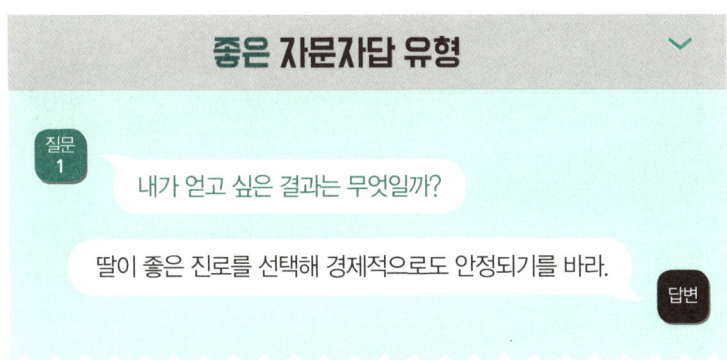

좋은 자문자답 유형

질문 1: 내가 얻고 싶은 결과는 무엇일까?

답변: 딸이 좋은 진로를 선택해 경제적으로도 안정되기를 바라.

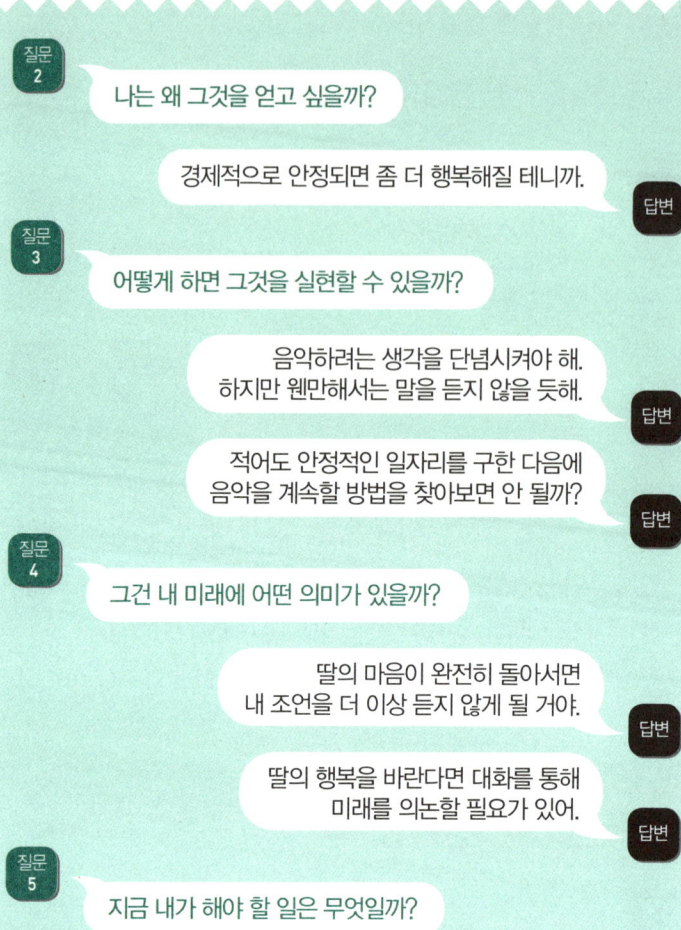

스스로 답을 찾는 힘

갈등을 풀고
합의에 이르게 하는 방법

아버지의 욕망이 딸이 음악을 그만두는 것이고 딸의 욕망이 음악을 계속하는 것이라면, 두 사람은 계속 평행선을 달릴 뿐이다.

그러나 **질문 2** '*나는 왜 그것을 얻고 싶을까?*'라는 목적을 명확히 하기 위한 질문을 통해, 아버지의 진짜 목적이 음악을 그만두게 하는 것이 아니라 딸이 행복해지는 것임을 알 수 있다.

이 목적을 확인했다면, 가능성을 탐색하기 위한 다음 **질문 3** '*어떻게 하면 그것을 실현할 수 있을까?*'를 통해 두 사람 다 수긍할 만한 해결책이 여러 개 있다는 사실을 알 수 있다.

"음악을 계속하는 건 찬성이야. 하지만 전문가로 일하려면 대학에서도 음악 지식을 확실히 습득해야 해."

"안정된 직업을 구한 후에 취미로 음악을 계속하면 어떨까? 만약 음악으로 먹고살 수 있다는 보장이 있으면 음악에 전념해도 좋아."

딸과 대화하며 이런 다양한 해결책을 찾는 것이야말로 아버지가 할 수 있는 최선의 선택이다.

이와 비슷한 갈등이 사무실에서 매일같이 일어난다. 상사에게 이해받고 싶은 부하와 부하가 만족스러운 결과를 내기를 바라는 상사 사이에서 말이다.

이럴 때도 '나를 인정해 주세요', '시끄럽군. 지시대로 하기나 해' 같은 태도로는 문제를 전혀 해결할 수 없다. 자신의 목적과 상대의 목적을 함께 고려해 서로 만족할 만한 해결책을 찾기 위해 대화하지 않는 한 상황은 결코 개선되지 않는다.

내 코칭 프로그램에 참여한 사람 중에 아르바이트 직원들을 관리하는 20대 남성 관리자가 있었다.

그는 현장 직원을 관리하는 일에 어려움을 느낀다며 '사장이 현장에 와서 직원들에게 한 마디 해 주면 문제가 전부 해결될 텐데'라고 불만을 토로했다.

그러나 사장은 그의 성장을 기대했기 때문에 관여하지 않고, 그가 직원들을 관리하도록 내버려 둔 것이었다.

이후 그는 자문자답으로 사고방식을 바꾸었다. 덕분에 지금은 현장 직원의 마음을 이해할 뿐만 아니라 관리자로서 자신이 무엇을 더 할 수 있을지 진지하게 생각하기 시작했다.

대립하고 있는 상대와
관계를 회복하고 싶을 때

사례 10

인간관계에서 충돌을 피하고 사이가 멀어진 사람과도 화해하며 자신의 결점을 개선할 수 있는 방법 중 하나가 바로, 자문자답이다.

아이 교육에 대한 견해 차이로 배우자와 싸운 경우를 생각해 보자. 집 안에서 뛰었다는 이유로 아내가 아이를 심하게 꾸짖었다. 그러자 남편은 '괜찮잖아, 아직 어린데'라며 아내에게 화를 냈다. 이럴 때 아내와의 관계를 회복하기 위해 어떤 자문자답을 해야 할까?

사례 10 아내와 싸운 후 화해하고 싶을 때

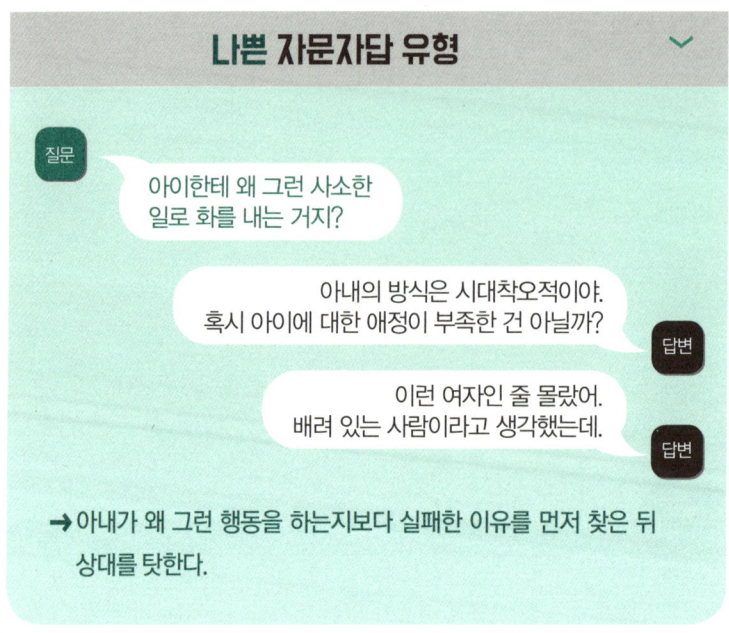

나쁜 자문자답 유형

질문: 아이한테 왜 그런 사소한 일로 화를 내는 거지?

답변: 아내의 방식은 시대착오적이야. 혹시 아이에 대한 애정이 부족한 건 아닐까?

답변: 이런 여자인 줄 몰랐어. 배려 있는 사람이라고 생각했는데.

➜ 아내가 왜 그런 행동을 하는지보다 실패한 이유를 먼저 찾은 뒤 상대를 탓한다.

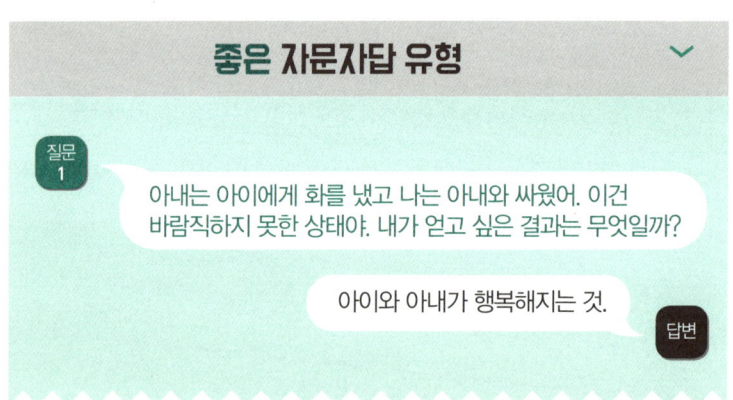

좋은 자문자답 유형

질문 1: 아내는 아이에게 화를 냈고 나는 아내와 싸웠어. 이건 바람직하지 못한 상태야. 내가 얻고 싶은 결과는 무엇일까?

답변: 아이와 아내가 행복해지는 것.

질문 2 어째서 그걸 얻고 싶을까?

답변: 가족이 행복해야 나도 진정으로 행복하니까.

질문 3 어떻게 하면 그걸 실현할 수 있을까?

답변: 아내와 아이가 둘 다 동의할 만한 규칙을 정하면 되지 않을까?

답변: 그러려면 아내와 아이의 의견을 잘 듣고 서로 대화하는 게 좋겠어.

질문 4 이번 사건은 내 미래에 어떤 의미가 있을까?

답변: 가족 모두 행복하게 지내기 위한 규칙을 만들 기회가 왔어.

답변: 아내와 요즘 감정적으로 자주 부딪히니 이번에는 생각을 제대로 나누어 봐야겠다.

질문 5 지금 내가 해야 할 일은 무엇일까?

답변: 주말에 외출할 기회를 만들어서 바깥에서 가족회의를 해보자.

인간관계의 갈등을
원할하게 풀어주는 방법

나는 코칭 기술도 단련하고 정보도 수집할 겸 아내의 친구들과 종종 상담을 한다. 부부 간의 많은 문제는 인간관계의 가장 기본적인 고민을 담고 있다.

세상의 부부 대부분은 서로를 미워하기보다 상대의 행복을 바란다. 다만 남편은 자신이 일하느라 힘든 것을 아내가 좀 더 잘 알아주기를 바라고, 아내는 아내대로 남편이 가사와 육아에 더 협조하길 바란다. 어느 한쪽의 잘못이라기보다 둘 다 자기 나름의 신념에 기초하여 상대를 바꾸려 하는 것이다.

이런 식으로는 상황이 전혀 개선되지 않는다. 자신이 옳다고 생각하는 대로 상대가 행동을 바꾸지 않는 한 불만은 점점 커질 것이다.

그래서 사례 10의 나쁜 자문자답 유형에 등장한 남성도 마지막에는 '아내가 그런 여자인 줄 몰랐다'라며 아내의 인격을 부정하는 듯한 결론을 내렸다.

그러므로 상대를 바꾸려는 생각을 버리고, 문제를 '내 일'로 받아들여야 좋은 자문자답을 할 수 있다.

'이 문제를 해결하기 위해 나는 무엇을 할 수 있을까?'

이렇게 스스로에게 물으며 내가 할 수 있는 행동을 찾아보아야 한다. 문제를 일으킨 사람이 누구든, 해결은 결국 내 몫이다.

이것은 직장에서도 자주 일어나는 일이다. 다른 사람이 일으킨 문제를 자신이 해결해야 할 때가 그렇다. 예전에 우리 회사에서 경리 담당자가 큰 실수를 했다. 당시 매출의 5분의 1 정도 되는 금액이 무슨 이유에선지 장부에서 사라진 것이다.

경리 담당자를 질책하고 해고하는 건 오히려 간단한 일이다. 하지만 그렇게 해서는 문제가 전혀 해결되지 않는다. 나는 나 자신을 진정시킨 다음 '내 어떤 점 때문에 이런 문제가 일어났을까?'를 생각했다.

그 결과, 사업을 급속히 확장한 데 비해 회사 구조를 그만큼 성장시키지 못해 경영자로서 막을 수 있는 일을 막지 못한 것이었다. 결국 책임은 내게 있는 셈이었다.

그래서 사업 계획을 재검토하고, 똑같은 실수가 반복되지 않을 시스템을 구상했다.

그 후 경리 담당자는 다시는 문제를 일으키지 않았고, 회사도 나도 더 성장할 수 있었다.

PART. 2
SUMMARY

📢 '나쁜 자문자답 유형'은 다음과 같은 첫 질문으로 시작되어 사고를 멈추게 한다.

- 나로서는 무리야.
- 대체 어떻게 해야 할까?
- 가능한 일부터 시작하자.

📢 '좋은 자문자답 유형'은 다음 5가지 질문으로 구성된다. 이번 PART. 2의 사례를 참고해 다양한 문제에 대처해 보자.

질문 1. 내가 얻고 싶은 결과는 무엇인가?
질문 2. 나는 왜 그것을 얻고 싶은가?
질문 3. 어떻게 하면 그것을 실현할 수 있을까?
질문 4. 이것은 내 미래에 어떤 의미가 있을까?
질문 5. 지금 내가 해야 할 일은 무엇일까?

'고민'은
당신을 성장시킬
'선물'이다

당신은 이미
'스스로 답을 찾는 힘'을
알고 있다

PART 3

일이 잘 안 풀리는 '가짜 욕망'에서 벗어나기

많은 사람이 마음의 고통이 낳은
'가짜 욕망'에 사로잡혀 살고 있다.
'가짜 욕망'을 추구하며 살다 보면
진정한 만족감과 성취감을 느끼지 못하고
행복해지지 못한다.
'가짜 욕망'에서 벗어나 '진짜 욕망'을 이루기 위한
자문자답 기술을 알아본다.

목표를 실현하지
못하는 사람들의 공통점

PART. 2 '스스로 답을 찾는 힘으로 고민을 해결한 사례 10'에서는 다양한 사례를 통해 자문자답의 유형을 설명했다.

이제 당신은 그 어떤 어려운 문제에 부딪혀도 최선의 답을 도출해 바람직한 미래로 나아갈 수 있을 것이다.

그러나 PART. 1 '스스로 답을 찾는 힘을 키우는 5가지 질문'에서 말했다시피, 사람들의 잠재의식에는 공포와 불안을 회피하기 위해 부정적인 답변을 유도하는 첫 질문이 내재되어 있다.

이 첫 질문만 달라지면 굳이 긍정적인 자문자답을 하려고 애쓰지 않아도 인생이 잘 풀리게 될 것이다.

이번에는 긍정적인 자문자답을 자연스럽게 이끌어 내기 위한 기술을 배워 보자.

그동안 코칭을 통해 수많은 사람을 만났던 경험에서 보자면, 욕망을 전혀 실현하지 못하던 사람이 욕망을 척척 이루는 사람으로 변하는 것은 결코 어렵지 않다.

잘 풀리는 인생을 사는 비결이란 의외로 간단하다.

그러기 위해서는 자문자답을 반복하는 습관과 나를 마주할 약간의 용기, 이 두 가지만 있으면 된다.

욕망을 실현하지 못하는 사람은 대부분 이루기 어렵거나 이루어도 행복해지지 않는 '가짜 욕망(대체 욕망)'을 추구한다.

가짜 욕망이란 거짓 목표이자 거짓 소원이며 거짓 꿈이다. 이를 깨닫고 자신의 진짜 욕망을 찾아낸다면 누구나 '꿈과 목표를 실현하는 사람'으로 변할 수 있다.

코칭 현장에서는 가짜 욕망을 버린 후 인생이 잘 풀리고 뭘 하든 성공하는 체질로 거듭난 사람이 많다.

이를 가능케 하는 것이 바로 '스스로 답을 찾는 힘', 즉 자문력이다.

스스로 답을 찾는 힘

가짜 욕망에서
벗어나야 하는 이유

예전에 내 세미나 참석자 중 결혼을 못해서 고민인 40대 여성이 있었다. 영업 현장에서 높은 성과를 거두는 커리어 우먼이었다.

업무에서 성공을 거두었지만, 그것만으로는 만족하지 못하고 하루빨리 잘 맞는 짝을 만나 행복해지고 싶은 마음이 컸다. 그래서 늘 마음이 공허하다고 했다.

그런데 왜 아직까지 배우자를 만나지 못했을까? 그녀는 그 이유를 이렇게 설명했다.

"남자를 볼 때마다 저도 모르게 이기고 싶다는 마음이 앞서요."

자신보다 일을 못하는 남성을 보면 짜증이 치밀어 올라 '참 한심하네요!'라고 심하게 핀잔을 주게 된다는 것이다. 그래서 남성들과 좀처럼 좋은 관계를 맺지 못했다.

그녀가 이런 생각을 갖게 된 근본 원인은 남존여비 사상이 강한 보수적인 가정에서 자란 데 있었다.

그녀의 아버지는 첫 아이로 가문의 대를 이을 남자아이를 원했다. 그래서 태어난 아이가 딸이라는 이야기를 듣자 실망하여 한나절이 지나서야 아기를 보러 왔다고 한다.

그녀의 어머니도 아들을 낳지 못했다는 이유로 가족들에게 가시 돋친 말을 들었다. 성장하는 내내 어머니와 그녀는 가족에게 인정받지 못했다.

그래서 그녀는 어릴 때부터 '내가 남자였으면 좋겠다. 그러니 난 남자를 이겨야 해!'라고 생각하며 평생을 애써 왔다고 한다. 그녀에게는 남자를 이겨야 하는 뿌리 깊은 이유가 있었던 것이다.

하지만 '남자를 이기고 싶다!'는 마음은 그녀의 진짜 욕망이 아니었다.

그저 '여성인 나는 인정받을 수 없다 → 남자가 되면 인정받을 수 있다 → '남자를 이겨서 내가 남자보다 낫다는 사실을 증명하자'라는 식으로, 고통을 해결하기 위해 만들어낸 가짜 욕망일 뿐이었다.

이런 가짜 욕망이 사고를 지배한 탓에 그녀는 무언가 문제가 생길 때마다 '남자에게 지지 않으려면 어떻게 해야 할까?'라는 자문자답을 반복했다.

가짜 욕망은 진심으로 이루고 싶은 무언가가 아니라 마음의 상처에서 나온 고통을 없애기 위해 어쩔 수 없이 만들어낸 욕망이다.

예를 들면 '여자로서 인정받지 못해 괴롭다 → 인정받기 위해 남자를 이기자, 또는 가난하다고 무시당하는 것이 싫다 → 부자가 되어 사람들에게 갚아 주자'라는 식이다.

사실은 그녀도 무조건 남자에게 이겨야겠다는 생각은 아니었을 것이다. 다만 마음의 고통이 너무 커서 그렇게 생각하게 되었을 뿐이다.

그러므로 이 가짜 욕망이 이루어졌다 해도 행복해질 수 없었다. 영업 실적으로 남자들을 이겼는데도 그녀가 행복하지 않았던 것이 그 증거다.

이렇듯 가짜 욕망은 실현되어도 진짜 행복을 가져다주지 못한다.

그녀는 이 사실을 깨닫는 순간 행복한 인생으로의 첫걸음을 내디딜 수 있었다.

당신도 스스로 가짜 욕망을 분별할 수 있는 힘을 키우게 되면, 지금 하고 있는 고민의 본질을 알게 될 것이고, 그것을 해결할 방법도 찾게 될 것이다.

자문자답으로
가짜 욕망에서 벗어난 사례

그렇다면 자신이 나쁜 유형의 자문자답을 하고 있다는 것을 깨달은 그녀는 어떻게 좋은 자문자답으로 바꾸었을까? 좋은 유형으로 바꾼 그녀의 자문자답을 5가지 질문에 대입해 보면 다음과 같다.

실제 적용한 자문자답

 내가 얻고 싶은 결과는 무엇일까?

남성에게 이기고 싶은 게 아니라 사실은 사람들에게 인정받고 싶은 게 아닐까?

 왜 나는 그것을 바랄까?

그러면 아버지에게 인정받고 싶었던 마음의 응어리가 풀릴 테니까.

 어떻게 하면 그것을 실현할 수 있을까?

인간관계를 돌아보자.

주변 남자들을 적으로 돌리지 말고 사람들에게 인정받을 만한 방식으로 대화를 하자.

 그건 내 미래에 어떤 의미가 있을까?

주변 사람들에게 인정받으면 좀 더 자신 있게 살 수 있어.

이제는 아버지의 영향력에서 벗어나 나 자신의 행복을 추구하자.

질문 5: 지금 내가 해야 할 일은 뭘까?

답변: 내일부터 남자 직원 대하는 방식을 바꾸자. 상대방이 어떤 기분인지 잘 살펴야지.

가짜 욕망이 만들어지는 원인

앞에서 소개한 자문자답은 내가 코칭 세션을 통해 실제로 그녀에게 던진 질문들이다. 핵심은 '정말 중요한 것은 아버지에게 인정받는 일이 아니다'라는 사실을 깨닫는 것이었다.

   사람은 누구나 본능적으로 타인의 인정을 받고 싶어한다. 이를 '감정적 욕구'라 하는데, 인간에게는 기본적으로 6가지 감정적 욕구가 있다(152쪽 '인간이 추구하는 6가지 감정적 욕구' 참조).

   인류의 역사를 돌아보면 인간은 자연계에서도 극히 약한 존재였으므로 가족과 동료의 도움 없이 혼자서는 살아갈 수 없었을 것이다.

그래서 부모의 인정은 아이에게 사활이 걸린 문제다. 원래대로라면 유소년기에는 부모 자식 간의 강한 애정에 의해 아이는 소중하게 길러진다. 그러나 이 시기 부모에게 주목받지 못하면, 아이는 커다란 공포를 느껴 자기 자신을 감추면서까지 상대에게 맞추려는 모습을 보인다. 앞의 여성이 아버지의 생각에 따라 여성성을 버리고 남성성을 취하려 한 것처럼 말이다.

이처럼 사람은 인간관계를 통해 본래 가진 근원적 욕구, 즉 감정적 욕구를 충족하지 못하면 그것을 다른 방법으로 채우려 한다. 그래서 가짜 욕망이 생긴다.

따라서 앞의 사례에 등장한 여성에게 본질적으로 필요했던 것은 아버지의 인정이 아닌 '누군가의 인정'이었던 것이다.

진짜 욕망을 깨달았을 때
가장 먼저 변화하는 것

자신을 더 성장시키기 위해서는 무엇이 자신을 행복하게 만드는지를 알 필요가 있다. 남성을 이기려 했던 그녀는 '주변의 인정'을 특히 중요하게 생각했으며 그것이 충족되었을 때 행복을 느낄 수 있었다.

결론부터 말하자면, 그녀는 좋은 자문자답을 활용하여 스스로를 바꿀 수 있었다. 이런 변화가 생기도록 나는 우선 그녀가 스스로를 인정하게끔 했다.

그녀는 평소 자기 자신에 대해 '결혼도 못하고 남자들을 비난하기만 한다. 이런 나를 인정할 수 없다'고 생각했다.

그런데 이것이 그녀의 진짜 모습이었을까?

내 눈에는 그렇게 보이지 않았다.

스스로 답을 찾는 힘

그녀는 사실 가족과의 유대를 진심으로 소중히 여기는 사람이다. 여자로서의 행복을 희생하면서까지 어머니를 지키려 했을 정도로 애정이 풍부한 사람이다.

좋은 자문자답 유형에서 하게 되는 첫 질문, '내가 얻고 싶은 결과는 무엇일까?'는 이렇게 변형될 수 있다.
'이 일에서 내가 기대하는 결과는 무엇인가?'
'내가 정말로 원하는 것은 무엇일까?'

이 질문들은 이런저런 문제를 자신의 일로 받아들이고 진짜 욕망을 찾아내기 위한 것이다.
이런 질문을 활용해 일주일 동안 자문자답을 반복하게 했더니, 그녀는 차츰 자신의 본심과 진짜 욕망을 깨닫고 스스로를 인정하게 되었다.

자기자신을 보는 시각이 바뀔 때
비로소 보이는 것들

그다음에는 그녀에게 '자신과 마찬가지로 상대를 인정하세요'라고 권했다. 자신을 깊이 이해하면 그만큼 타인도 이해하게 되기 때문이다.

지금까지 그녀는 '결과를 냈느냐, 내지 못했느냐'라는 표면적인 요소로만 사람을 판단했다. 남이든 자신이든 똑같았다. 영업을 못하는 남성을 한심하게 생각했고, 결혼을 못하는 자신을 형편없는 사람으로 생각했다.

그러나 자신을 다른 눈으로 보기 시작하자 남도 달리 보이기 시작했다. 성과뿐만 아니라 마음과 과정까지 보게 된 것이다.

예전에는 자신보다 실적이 낮은 남성을 보면 '남자가 되어서, 참 한심하군!'이라고 생각했다.

그러나 '이 사람은 어떤 생각으로 이 일을 했을까?'까지 이해하려고 노력했더니 상대의 장점도 차츰 보이기 시작했고 결국 진심으로 상대를 인정하게 되었다.

"이번에 정말 열심히 했네요!"

"이 점은 훌륭해요. 계속 열심히 하세요."

라는 말도 상대방에게 해 주게 되었다.

그러자 인정을 받은 상대뿐만 아니라 인정을 해 준 그녀도 기쁨을 느낄 수 있었다.

그녀는 '인정받는 것'을 매우 중요하게 여겼지만, 반드시 자신만 인정받아야 하는 것은 아니었음을 깨달았다.

인간의 가치관에는 주어와 목적어가 없다.

'누가', '누구를' 인정하는지는 중요하지 않다. 그래서 그녀 역시 남을 인정함으로써 행복을 느낄 수 있었다.

또한 인간관계에는 '반보성(返報性)의 법칙'이라는 것이 있다. 모든 사람은 타인으로부터 받은 호의를 되돌려주려 한다는 법칙이다. 흔히 말하는 '기브 앤드 테이크'다.

그녀가 주위 사람들을 인정하거나 풍부한 경험으로 조언을 해 주었더니 상대방도 '저 사람은 영업 능력이 뛰어나면서도 우리를 잘 배려해 주는 훌륭한 사람이다' 또는 '저분은 우리 팀에 꼭 필요한 사람이다'라고 그녀를 평가하기 시작했다. 그녀가 요구하지 않아도 상대가 스스로 인정해 주므로 그녀는 더욱 만족했다.

남녀관계에서도 큰 변화가 있었다. 예전에는 '나이도 많고 남자만 보면 싸우려 드는 성격도 그렇고, 난 아무래도 안 될 것 같아'라고 생각했던 그녀였다.

하지만 그녀가 마음 가는 대로 자신과 타인에 대해 인정하고 이를 소중히 여기다 보니 비슷한 가치관을 가진 남성이 그녀에게 호감을 갖기 시작했다.

두 사람은 서로를 인정해 줄 것이 틀림없다. 좋아하는 사람을 인정하는 것도, 좋아하는 사람에게 인정을 받는 것도 더할 나위 없이 기쁜 일이다. 그러므로 두 사람은 만날 때마다 서로에게 반

할 것이고, 결혼한 뒤에도 서로의 가치관을 인정해 주며 행복하게 살 것이다.

진짜 욕망을 알게 될 때
비로소 달라지는 것들

결혼하고 싶다는 또 다른 여성을 코칭한 적이 있다.

오 년 동안 남성을 한 번도 사귀지 않았다는 40세 여성이었다. 이상적인 결혼 상대를 구체적으로 그려 보고 결혼정보업체에서 소개를 받는 등 적극적으로 나섰지만 별로 만족하지 못했다.

오히려 '나이가 많은데 결혼을 못하면 미래가 불안하다'거나 '이 나이에 괜찮은 사람을 만날 수 있을까?'라는 불안감만 커져 갔다.

나는 그런 그녀에게, 결혼 후에 어떤 삶을 살면 진심으로 행복할 것 같은지 생각해 보라고 제안했다.

그러자 그녀는 자신이 남편과 함께 좋은 사람들에게 둘러싸여서 생기 넘치게 웃으며 살아가는 모습을 그려 냈다.

그녀의 진짜 욕망은 '사랑하는 남편과 서로를 배려하며 살고,

주위 사람들과 기쁨을 나누며 사는 것'이었다.

진짜 욕망을 안 후로 그녀는 달라졌다.

원래 품성대로 주위 사람을 배려하며 웃음과 기쁨을 나누기 시작한 것이다.

그랬더니 한 남성이 그녀에게 다가왔다.

그녀가 사람들과 웃으며 대화하는 모습이 매우 매력적으로 보였다고 한다. 그 남자도 남과 기쁨을 나누는 삶을 원했기 때문이다. 그녀 역시 그의 사람됨에 끌려 그를 좋아하게 되었다.

이처럼 가치관이 같은 사람끼리는 애쓰지 않아도 서로에게 매료되는 법이다.

한 달 후, 그는 그녀에게 마음을 고백했고 그다음 달에는 청혼을 했다.

그녀는 '내가 무엇에서 행복을 느끼는지를 알게 된 덕분에 놀랄 만큼 이상형에 가까운 남성과 결혼할 수 있었다'고 고백했다.

이 부부는 일 년 후에 아이를 낳고 남성의 고향에서 행복하게 지내고 있다.

지금 당신의 꿈과 목표가
'가짜 욕망'은 아닌지
의심하라

당신이 진짜
원하는 것은 무엇인가?

가짜 욕망을 진짜 욕망으로
착각하는 사람들

'꿈과 목표'라는 말을 들으면 여러분은 어떤 생각이 드는가? 꿈과 목표가 확실한 사람도 있지만 모호한 사람도 있을 것이다.

독자 여러분 중에는 세미나에 참석해서 미래의 꿈과 목표를 그려보거나 글로 써 본 사람도 있을 것이다. 물론 꿈과 목표가 확실한 사람은 무의식중에 좋은 자문자답을 하면서 진심으로 바라는 방향으로 나아가고 있을 것이다.

그러나 그것이 '가짜'라면 어떨까?

앞의 사례에 등장한 여성처럼, 실제로는 바라지 않는 미래를 향해 가며 틀린 선택을 계속하는 경우도 많다.

나는 매일 많은 사람들의 욕망을 듣는다.

성공해서 돈과 시간의 자유를 갖고 싶다, 훌륭한 남성과 결혼하고 싶다, 베스트셀러 작가가 되고 싶다, 사회사업가가 되고 싶다, 국제 공헌 활동을 하고 싶다, 등등 사람들의 욕망은 정말로 다양하다.

하지만 그중 많은 사람이 가짜 욕망을 진짜 욕망으로 착각하고 있다.

가짜 욕망이란 마음의 결핍을 메우기 위해 만들어진 임시 욕망이다.

남에게 인정받지 못해서 인정받으려고 노력하거나, 가난하다고 무시당하는 것이 싫어서 부자가 되려 한다거나, 자신에게 가치를 느끼지 못하기 때문에 사회 공헌에 무턱대고 집착하는 식이다.

이런 가짜 욕망은 실현되어도 진정한 기쁨을 주지 못한다. 부자가 된 직후에는 고통이 사라져 안도할지 몰라도 그 기분은 잠시일 뿐이다. 근본적인 결핍이 메워지지 않았으므로 그 후에도 남을 의식하며 돈을 써 댄다. 악순환이 계속되는 것이다.

당신이 지금 목표로 하는 것은 가짜 욕망일까 아니면 진짜 욕망일까?

이를 구분하는 한 가지 핵심은 '욕망을 떠올렸을 때 의무감이 느껴지는가'다.

성공한 기업가 중에도 돈벌이에 이상하리만치 집착하는 사람이 있다. 그런 사람의 과거를 알아보면 어릴 때 궁핍한 가정에서 자라 금전적으로 매우 고생한 경우가 많다.

그 결핍이 동기가 되어 사업에 큰 성공을 거두기도 하지만 아무리 돈을 벌어도 경제적 풍요가 행복으로 이어지지는 않는다. 저택에 살고 비싼 차를 몰면서도 이혼과 재혼을 반복하며 전혀 안정적으로 살지 못하는 사람이 많다.

한편 그런 경제적 안정을 포기하고 정신적인 풍요에 집착하는 사람도 있다.

이들은 '나답게 살고 싶다', '설레는 인생을 살고 싶다'는 생각으로 이곳저곳 세미나를 찾아다니거나 인간관계를 무조건 넓히려 하지만, 현실의 사회생활은 그만큼 잘 풀리지 않는다.

그러다 보니 '바라는 삶'과 '실제 삶'의 괴리가 점점 커지는 사람도 많다.

'이것을 지향해야 한다' 또는 '그것이 아니면 행복을 얻을 수 없다'라는 식으로 스스로에게 일종의 의무를 부여하는 욕망은 진짜 욕망이 아니다. 특히 현재의 환경에 불만을 느낄수록 정반대의 환경을 동경하여 가짜 욕망을 만들어 내기 쉽다는 사실을 기억해야 한다.

가짜 욕망과 진짜 욕망을
가려내는 방법

진짜 욕망은 의무감 때문에 만들어진 목표도, 현재에 대한 불만이 만들어 낸 공상도 아니다. 진짜 욕망은 분명히 존재하는 실체이며, 확실한 미래를 열어 줄 열쇠를 숨기고 있다. 그러므로 자문자답을 통해 현재의 환경에서 '나를 행복하게 만드는 것'을 찾아내는 일이 무엇보다 중요하다.

자신에게 다음과 같이 질문해 보자.

'지금 내가 소중히 여기는 것은 무엇일까?'

남자를 이겨야 한다는 가짜 욕망에 속았던 커리어 우먼 역시 이 질문을 자신에게 던짐으로써 자신을 진심으로 인정해 주는 고객의 얼굴을 떠올릴 수 있을지 모른다.

　돈을 좀 더 벌어야 한다며 집요하게 돈벌이만을 좇던 사업가 역시 이 질문을 자신에게 던짐으로써 자신을 진심으로 따르는 후배들의 얼굴을 떠올릴 수 있을지 모른다.

　비즈니스든 체육이든 예술이든 어떤 분야에서든, 어릴 때 가난해서 고생했던 쓰라린 경험을 지렛대 삼아 성공한 사람이 많다.

　그러나 그중에서도 '다른 사람에게 꿈을 주겠다' 또는 '세상에 공헌하고 싶다'라는 식으로 자신이 마음 깊은 곳에서 솔직하게 바라는 것을 꿈으로 변화시킨 사람들만이 장기적인 성공을 거둔다. 소프트뱅크의 손정의 회장, 여배우인 오드리 헵번 등 그 예는 수없이 많다.

　세상에는 가짜 욕망이 다양한 형태로 범람하고 있다.

　그러나 주변을 신경 쓰지 않고 자신에게 올바른 질문을 던지면 '진짜로 이루고 싶은 욕망'을 마음속에서 찾아낼 수 있다. 이것이 바로 스스로 답을 찾는 자문자답의 힘이다.

자문자답으로
역경을 극복한 인물

  가짜 욕망에 속지 않고 진짜 욕망을 성취하는 데 매진한 한 인물을 소개하고 싶다.
  역경을 만날 때마다 떠올리면 언제나 힘이 되는 나의 롤모델은 바로 노벨평화상 수상자이자 경제학자인 무하마드 유누스다.
  유누스의 업적은 그의 저서 《가난한 사람들을 위한 은행가》에 잘 드러나 있다.
  방글라데시에서 부유층으로 태어난 그는 장학금을 받아 미국에서 공부했다. 그 결과 경제학 박사 학위를 취득하고 대학 경제학부 부장이 되었지만 그런 안정된 지위를 버리고 가난한 사람들을 위한 은행인 '그라민 은행'을 창설했다.
  유누스가 개발한 마이크로 크레디트 시스템은 전 세계 빈곤 지역에 도입되어 많은 사람을 빈곤에서 벗어나게 했다. 그는 이 업적을 인정받아 노벨평화상을 받았다.

처음에는 많은 사람이 유누스의 도전을 무모하게 여겼다.

유누스 스스로도 '처음에는, 굶주린 사람이 너무 많아서 무슨 짓을 해도 소용이 없을 것 같다는 생각이 들었다'고 말했다.

이처럼 불가능해 보이는 일에 도전하려면 안정된 지위와 명예를 잃을지도 모를 위험을 감수해야 했다. 그는 왜 굳이 그런 일에 도전했을까?

유누스 역시 다음과 같이 자문자답을 했다.

'이렇게나 많은 사람을 동시에 도울 수는 없다. 그러나 하루에 몇 시간 정도는 다른 사람을 위해 쓸 수 있을 것이다. 이것은 나 자신에게도 좋은 영향을 끼칠 것이 분명하다.'

오래전부터 유누스를 존경했던 나는 작가인 혼다 겐(本田健)과 규슈 대학교의 오카다 마사하루(岡田昌治) 교수와의 인연 덕분에 동일본 대지진 직후 유누스를 만날 수 있었다.

방글라데시의 다카에 있는 유누스의 사무실을 찾아갔을 때 나는 그에게 "지금까지 다양한 역경을 극복하게 만든 신념은 무엇이었습니까?"라고 물었다.

유누스는 이렇게 답했다.

"인류는 역사상 불가능해 보였던 다양한 문제를 극복해 왔습니다. 그 비결은 바로 상상력이었습니다."

아무리 어려운 문제라도, 과거를 거슬러 올라가면 그와 똑같은 문제를 극복한 수많은 사람을 찾을 수 있다.

'나는 못해'라고 단정부터 하는 사람은 자신의 얕은 경험으로만 세상을 판단하고 있다.

그러므로 자문자답을 통해 좀 더 넓은 관점에서 현재 상황을 생각하기를 바란다. 그러면 문제를 극복할 수단을 얼마든지 찾을 수 있다.

스스로 답을 찾는 힘

채워지지 않는
감정적 욕구가 만드는 가짜 욕망

물론 누구나 사회에 공헌하거나 세상을 바꾸겠다는 거창한 욕망을 품고 있지는 않다.

오히려 가짜 욕망을 걷어낸 진짜 욕망을 보면 의외로 단순하고 소박할 때가 많다. 앞에 소개한 40대 커리어 우먼처럼 '사람들에게 인정받고 싶다'라거나 나처럼 '내가 죽은 후에도 가족이 행복하게 지냈으면 좋겠다'는 식이다.

노벨평화상이라는 큰 상을 받은 유누스도 "내가 이런 삶을 살 수 있게 도와 준 사람은 어머니였습니다. 어머니는 항상 가난한 사람, 혜택 받지 못한 사람들과 어울려 지냈습니다"라고 말했다. 그 역시 처음에는 친근한 누군가를 통해 자신에게 무엇이 소중한지 알아낸 것이다.

마더 테레사 등을 코칭한 세계적인 코치 앤서니 로빈스(Anthony Robbins)는 '사람이 정말로 원하는 것은 감정이다'라는 말을 자주 했다.

감정이란 '기쁨'이나 '만족감' 등을 말하는데, 심리학에서는 인간이 6가지 감정을 추구한다고 한다. '6가지 감정적 욕구'는 확실성, 불확실성과 다양성, 애정과 유대감, 성장, 공헌이다.

예를 들어, 많은 사람이 돈을 추구하지만 사람마다 마음 깊은 곳에 있는 욕구는 제각각이다. 경제적 안정에서 오는 확실성을 추구하는 사람도 있고, 경영자로서 만족스러운 단계에 이르고 싶은 성장 욕구일 수도 있고, 사랑하는 사람에게 선물을 마음껏 사 주고 싶다는 애정에 관한 욕구일 수도 있다.

특히 애정과 유대감에 관한 욕구는 어려서부터 성인이 되어서까지 모든 사람에게 큰 영향을 미친다.

이와 관련해, 중세 독일의 황제인 프리드리히 2세가 '말을 못 배우고 자란 아이는 어떻게 될까?'라는 궁금증으로 실험을 실시한 적이 있다. 지금은 절대 해서는 안 되는 일이지만, 당시 황제는 의지할 곳 없는 아이를 50명쯤 모아 유모의 손에 자라게 했다. 이때 유모는 아이에게 말을 해서도 웃음을 지어서도 안 되었다.

그 결과는 비참했다. 얼마 지나지 않아 아이들 모두가 죽고 말았다고 한다. 이처럼 사람에게 '애정'은 목숨까지도 좌우할 수 있는 문제다.

다시 말해 지금 무사히 성인이 된 사람이라면 누구나 어느 정도의 애정을 받고 자란 셈이다.

단, 애정이란 눈으로 확인할 수 있는 가치가 아니므로 무슨 이유에서든 자신이 사랑을 충분히 받지 못한 채 자랐다고 생각하는 사람은 평생 채워지지 않는 애정을 갈구하게 된다. 그러다 보면 남에게 보이기 위한 행복한 가정, 성공한 사람의 이상적인 모습 등을 통해 가짜 욕망을 만들어 내기 쉽다. 그래서 부자가 되었는데도 결혼과 이혼을 반복하거나 존재하지 않는 이상적인 배우자를 찾아다니며 결혼하는 일에 골몰한다.

인간이 추구하는 6가지 감정적 욕구

1 확실성(Certainty)
안정되고 편안한 환경이나 상태

2 불확실성/다양성(Uncertainty)
변화의 기쁨, 다양성, 혹은 전율

3 애정/유대감(Love/Connection)
다른 사람과의 연계나 애정, 소속감

4 중요성(Significance)
정당하고 소중한 대접, 자존심

5 성장(Growth)
더 나은 자신, 향상

6 공헌(Contribution)
나 이외의 존재에게 도움이 되는 것

진짜 욕망을 찾아 일 년 반 동안
고민했던 문제를 해결한 사례

채워지지 않는 욕구나 마음의 결핍에서 나온 고통을 해결하기 위한 욕망은 진짜 욕망이 아니다.

결핍을 메우기 위해 무언가를 달성해도 진정한 만족감과 충실감을 얻을 수 없기 때문이다.

문제를 근본적으로 해결하려면 가짜 욕망을 분별하고 진짜 욕망을 찾아 그것을 만족시킬 필요가 있다. 이때 가장 필요한 것이 '스스로 답을 찾는 힘', 즉 자문력이다.

하나의 예를 소개하겠다.

미에(三重) 현 상공회의소에서 정기적으로 지역 내 사업가를 모아 강연회를 주최한 적이 있었다. 한 달에 한 번 다양한 분야의 전문가를 초대했는데, 나도 거기에 초대되어 30대에서 40대 사이의 경영자와 관리자들을 대상으로 강연했다.

  나는 강연 당일, 효과적인 강연을 위하여 주최자를 미리 만나 청중에 대한 정보를 들었다. 그리고 마지막으로 "제가 어떻게 하면 청중이 가장 기뻐하겠습니까?"라고 물어보았다.

  그러자 주최자는 잠시 망설이다가 "사실은 강연 때마다 똑같은 질문을 하는 분이 계신데, 일 년 반이 넘도록 그 문제를 해결하지 못했습니다"라고 말했다.

  그날도 강연장에 그 사람이 참석했다. 젊은 나이에 건축회사 임원이 된 사람이었다.

  그의 '아무도 해결하지 못한 문제'란 그다지 특별한 것은 아니었다.

  나이 많은 부하가 자신의 지시를 무시한다고 했다. 예를 들어 거래처를 만나면 결과를 보고하라고 여러 번 지시했는데도 전혀 보고를 하지 않는다는 것이다.

  상공회의소에서는 달마다 조직 관리 전문가나 심리학자를 초빙해 강연을 개최했는데, 매번 바뀌는 강사에게 똑같은 질문을 계속 할 정도로 이 문제는 그에게 큰 스트레스였다.

  물론 강사들은 자신의 전문 지식을 토대로 그에게 조언을 했다. 지난 일 년 반 동안 강사들은 "우선 나이 어린 당신이 겸허하게 마음을 열어야 합니다"라고 충고하기도 했고 "술자리를 마련해서 허심탄회하게 대화하세요"라고 충고하기도 했다. 또 "공은 반드시 포상하고 과는 반드시 책임을 묻도록 규칙을 만드세요"라거나 "당신이 성과를 내서 그의 인정을 얻어야 합니다"라고 말하기도 했다.

전부 문제 해결에 나름대로 효과적인 방법이었다.

단지 이 문제를 해결하는 데는 아무런 효과가 없었을 뿐이다.

만약 나이 많은 부하가 젊은 나이에 출세한 그 사람을 시기하거나 어떤 이유로 미워하고 있다면, 그가 아무리 친절하게 대해도 부하의 마음을 움직일 수 없다.

그래서 나는 자문자답을 응용한 해결법을 제안했다. 그리고 그 결과, 일 년 반이나 끌었던 골치 아픈 문제가 겨우 15분 만에 해결되었다.

남을 변화시키지 않아도
문제가 해결되는 방법

어떤 조언도 효과가 없었던 문제를 해결한 방법은 과연 무엇이었을까?

이미 PART. 2 '스스로 답을 찾는 힘으로 고민을 해결한 사례 10'에서 자문자답을 배웠으니 짐작이 가는 독자도 많을 것이다.

지시를 따르지 않는 부하를 변화시키고 싶다는 것은 고통을 해결하기 위한 가짜 욕망이다.

내가 그에게 제안한 것은 기본적으로 자문자답을 활용한 방법이었다. 다음 쪽 그림을 보면 이해가 쉬울 것이다.

옆의 그림은 사람이 욕망을 향하여 걸어 나가는 모습을 나타낸 것이다.

왼쪽 아래의 동그라미가 자신의 현재 상황, 오른쪽 위의 별 모양이 실현하고 싶은 미래의 욕망이다.

현재 상황과 욕망 사이에는 거리가 있다. 회사에서 지금 과장이지만 장차 사장이 되고 싶다면 그 사이에 메워야 할 간극이 있는 것이다.

지금은 독신이지만 미래에 행복한 가정을 이루고 싶을 경우에도 마찬가지다.

욕망을 실현하기 위한 프로세스

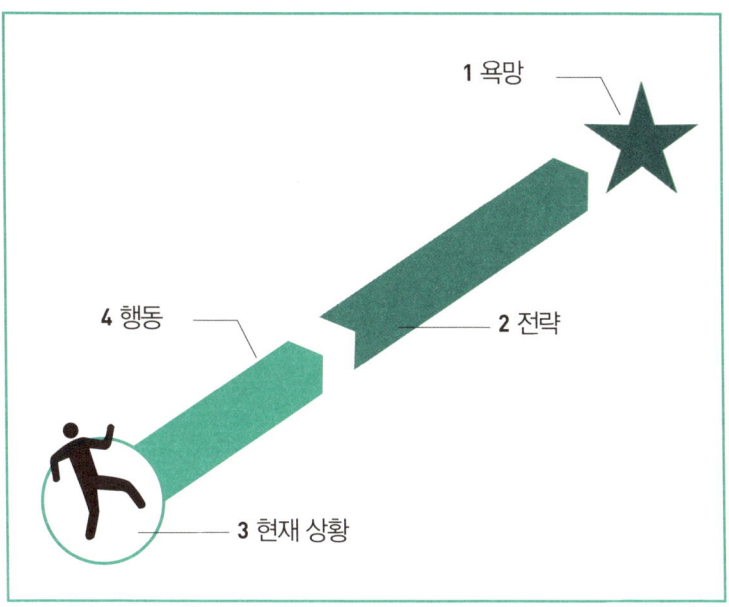

이 간극을 메울 방법을 안다면 바람직한 미래를 위해 나아갈 수 있을 것이다. 그 방법이 곧 '전략'이다.

전략을 알았다면 '행동'을 시작하자. 도중에 벽에 부딪칠지도 모르지만 그것을 계속 넘어서다 보면 최종적인 욕망을 성취하는 길에 점점 가까워질 것이다.

상담을 신청한 임원은 그림에서의 '3 현재 상황'에 대해 고민하고 있었다. 나에게도 "나이 많은 부하가 지시를 따르지 않아 골치 아프다"고 이야기했다.

대부분의 사람은 현재 상황에서 고민을 해결하려 한다. 그러나 욕망을 실현하고 싶다면 그림의 1에서부터 4의 순서로 생각하는 것이 좋다.

단숨에 골치 아픈 문제를 해결한 질문

그래서 나는 그의 욕망이 무엇인지 물었.

"당신의 미래 희망이 무엇입니까?"

스스로 답을 찾는 힘

유능해서 젊은 나이에 출세한 그는 나중에 사장이 되어 신세를 진 분들에게 은혜를 갚거나 지역 사회에 공헌하고 싶다고 했다.

뒤이어 '**2** 전략'에 대해 질문했다.
"사장이 되기 위해 필요한 것은 무엇입니까?"

그는 영업 담당 임원이었으므로 일단 고객과의 관계를 강화해 회사의 영업 실적을 올려야 한다고 했다.
다음으로는 '**3** 현재 상황'에 대해 질문했다.
"그러면 부하가 지시를 따르지 않는 것과 당신이 사장이 되는 것 사이에 직접적인 관계가 있습니까?"

"아……. 없네요."
그 순간 일 년 반이나 그를 괴롭히던 난제가 해결되었다.

이처럼 질문을 통해 관점을 조금만 바꾸어도 오래된 고민이 해결될 수 있다.
그때는 내가 질문해서 문제 해결을 도왔지만, 여러분은 스스로 그 과정을 진행할 수 있도록 자문력을 기르기 바란다.

가짜 욕망에
지배당하는 사람의 맹점

앞에서 소개한 남성의 이야기를 조금 더 생각해 보자.

그는 젊은 나이에 임원이 될 만큼 출세했고 사장이 되려 할 만큼 우수한 사람이었다. 지시를 따르지 않는 부하가 한 명 있는 것쯤은 장기적으로 보면 무척 사소한 일 같기도 하다. 그런데 어째서 그 문제가 그에게 그토록 스트레스였을까?

그것은 '제멋대로 행동하는 사람을 내버려두면 사내 규율이 흐트러질 것이다' 또는 '부하를 관리하지 못하면 내 평가도 나빠질 것이다'라는 생각이 고통을 유발했고, 그 고통을 해결하기 위한 가짜 욕망이 생겨났기 때문이다. 앞에서 말한 '인간이 추구하는 6가지 감정적 욕구'에 비추어 말하자면, '1 확실성' 및 '4 중요성'에 대한 욕구가 채워지지 않아서 가짜 욕망이 생겨난 것이다.

그가 부하와 양호한 관계를 구축하려 애쓰고 모든 사원이 자신을 따르기를 원했던 것은 그것이 '회사를 통합하는 사람이 되고 싶다'는 진짜 욕망을 성취하는 데 중요한 요소라고 생각했기 때문이다.

그렇다 해도 욕망 성취를 방해하는 요소를 배제하는 일 자체가 욕망이 되어서는 안 된다.

가짜 욕망에 지배당하는 사람은 아무래도 이 점을 오해하기 쉽다. 그래서 경쟁자를 추락시키는 데 매달리거나 눈앞의 과제를 해결하지 못하는 자신에게 분노하기도 한다.

하지만 이런 오해는 지금까지 설명한 자문자답을 통해 깨끗이 풀 수 있다.

질문1 내가 얻고 싶은 결과는 무엇인가?
질문2 나는 왜 그것을 얻고 싶은가?

이처럼 문제를 자기 일로 받아들이고 자신의 진짜 목적을 묻는 질문을 한다면, 방해 요소를 배제하는 것만이 역경을 헤쳐 나가는 길이 아님을 깨닫게 될 것이다.

'욕망을 척척 실현하는 사람'의
자문자답법

앞 사례의 남성은 "사장이 되기 위해 필요한 것은 무엇입니까?"라는 질문에 대해 "부하를 재교육하는 일이 아니라 고객과의 관계를 강화해 영업 성적을 올리는 것"이라고 명확히 대답했다.

그러기 위해 스스로 할 수 있는 일은, 예를 들면 "정보를 최대한 수집할 수 있는 시스템을 구축한다. 그러려면 한 달에 두 번 정도 외근에 동행하여 거래처와 경영자를 만난다"거나 "이때 정보를 수집하고 아이디어를 제안해 확실히 비즈니스 기회를 늘린다" 정도일 것이다.

그 이외의 구체적 영업은 문제의 '지시를 따르지 않는 부하'에게 맡기면 된다. 면담에 동행한 상사가 아무것도 모른다는 사실이 들통나면 부하 자신도 곤란해지므로 이 정도면 문제가 원만하게 해결될 것이다.

'그래도 부하가 나를 싫어해서 여전히 보고를 하지 않는다면 어떻게 하지'라는 생각이 들지도 모르겠다.

그렇다면 임원의 인사권을 발휘해 '이런 문제가 있어서 프로젝트 진행이 곤란하다'고 밝힌 뒤 다른 부서로 발령을 내면 된다고 제안했다.

"그래서 새로운 담당자가 자리를 잡으면 외근에 동행하지 않아도 보고를 착착 받게 될 겁니다. 지금의 부하도 자신에게 더 잘 맞는 부서에서 활약할 수 있을 테죠. 어쨌든 지금의 문제는 사라질 겁니다."

눈앞의 상대와의 갈등을 반드시 해결해야 한다는 착각 때문에 가짜 욕망을 만들어 내느라 '큰 목표'에 대한 방향을 헷갈리는 사람이 많다.

따라서 자문자답을 하며 궤도를 수정해야 한다. 다시 말해, 수시로 자문자답을 통해 궤도를 수정하는 사람만이 '욕망을 척척 실현하는 사람'이 될 수 있다.

문제를 해결하기 위해
남을 변화시킬
필요는 없다

자신의 '진짜 욕망'에
집중하라

나의 욕망을 방해하는
것들이 주는 선물

PART. 1 '스스로 답을 찾는 힘을 키우는 5가지 질문'에서 고민이 뇌의 워킹 메모리를 잠식하면 정말로 중요한 것을 놓치게 된다는 이야기를 했다.

고민이 자신의 욕망을 방해한다고 해석하기 때문이다. 그러다 보면 어느 새 욕망을 이루는 것보다 고민을 해결하는 것을 우선하게 된다.

가족과 행복하게 살려면 돈이 필요하다며 일에만 전념하고, 결국은 아이의 얼굴조차 보기 힘들어지는 사람이 있다. 이들이야말로 목적과 수단이 바뀐 대표적 사례다.

그들은, 본질을 살펴보면 자신이 욕망에 완전히 반대되는 상태로 살고 있는데도 그 사실을 전혀 알아차리지 못한다.

그렇기 때문에 5가지 질문 중 **질문 1** '내가 얻고 싶은 결과는 무엇인가?', '나에게 가장 소중한 것은 무엇인가?'라는 첫 질문이 무엇보다 중요하다.

또 한 가지 짚고 넘어가자면, 고민은 언제나 사람이 성장하기 직전의 단계에서 생겨난다. 변화도 발전도 없는 사람에게는 고민도 없다.

그렇다면 고민은 인생이 더 발전하도록 깨달음을 주는 '선물'이라 할 수 있다. 반드시 그 사실을 기억하고 자문자답을 지속하기 바란다.

고민을 긍정적으로 만드는 질문

5가지 질문 중 **질문 4**는 현재 상황에 긍정적인 의미를 부여하는 질문이다.

'이것(선물)은 나에게 어떤 의미가 있을까?'

나는 앞서 소개한 남성의 고민도 '선물'이었다고 생각한다.

임원으로서 더 성장하기를 원한다면 부하와의 문제도 더 높은 관점에서 생각할 줄 알아야 하기 때문이다.

예를 들어 직급이 과장 정도 되면 부하가 다섯 명쯤 될 것이다. 그렇다면 모두에게 일일이 일과를 보고받을 수 있다.

그러나 부하가 오십 명이나 백 명쯤 되면 모두에게 일일이 보고를 받기는 불가능하다. 즉, 개별적으로 보고를 받고 지시를 내리기보다 전체적인 비전을 제시하고 그에 따른 행동을 요구하게 된다.

이것은 스스로 노력해 성장한 결과 높은 지위에 도달했기 때문에 생긴 고민이다. 그러므로 그 임원의 고민은 '나는 이 새로운 단계에서 갖추어야 할 것을 아직 갖추지 못했다'라고 깨닫는 계기가 되었을지도 모른다.

실제로 코칭 이후, 그는 부하의 보고에 의존하는 기존의 업무 방식을 버리고 경영자적 입장에서 고객과 주체적 관계를 구축하는 일에 더욱 집중하게 되었다.

내가 성장하기 위해
반드시 필요한 것

직장에서뿐만 아니라 개인적으로도, 학생에서 사회인이 되고 결혼하고 가정이 생기면 우리의 고민은 질적으로 달라진다. 그렇지 않다고 해도 나이가 듦에 따라 그 나름의 사회적 책임을 요구받게 된다.

그럴 때마다 고민은 자신이 해야 할 일을 가르쳐 주는 '선물'로 작용한다.

어릴 때는 아무 생각이 없었지만 지금은 '이대로 살아서는 안 된다'고 고민하며 이런저런 책을 읽고 변화하려는 노력을 기울이는가? 그렇다면 그것 또한 성장의 증거다.

모든 고민은 '이렇게 되고 싶다'는 이상과 도전 정신이 마음 깊이 존재하기 때문에 생겨난다.

올바른 자문자답을 지속하기만 한다면 다양한 고민을 통해서도 성장할 수 있다.

작은 고민이든 큰 시련이든,
극복하는 방법은 단 하나

고민을 '선물'로 받아들이는 사람이 있는 한편, 대부분의 사람은 고민의 원인을 자신 이외의 어딘가에서 찾는다. PART. 2의 '나쁜 자문자답 유형' 사례에서 봤듯이, 이렇게 하면 사고 정지 상태가 되며 아무런 해결책을 가져다주지 못한다.

'저 사람만 없어지면 고민이 해결될 텐데.'
'회사가 달라지면 좀 더 편해질 텐데.'
'돈이 좀 더 있다면 이런 일로 고민하지 않아도 될 텐데.'

남 탓, 회사 탓, 환경 탓, 사회 탓……. 정말 이런 외부 요인이 바뀐다면 고민이 달라질지도 모른다.

그러나 앞에서 살펴본 임원의 사례에서처럼, 타인을 바꾸려고 아무리 노력해 봤자 좋은 결과를 얻기는 어렵다.

나는 암이 발병하기 전부터 코칭을 하며 아내 친구들의 고민까지 상담해 왔으므로 우리 사무실에는 다양한 사람이 드나들었다.
이런 활동에는 정보 수집의 목적도 있었으므로 상담하는 상대는 주부일 때도 있고 사무직 여성일 때도 있었다. 어쨌든 많은 사람이 '남 이야기'를 했으며 남편이나 가족, 친구 등 타인이 달라지기만을 바라거나 자기에게는 더 이상 방법이 없다며 체념한 상태였다.
이런 사람들은 불만은 있지만 구체적이고 명확한 목표가 없는 탓에 아무 행동도 취하지 않으므로 결국 상황 또한 개선되지 않을 가능성이 높다.
작은 고민이든 큰 시련이든, 발생하는 원인은 다양하지만 극복하는 방법은 단 한 가지다. 바로 주체적으로 행동하는 것이다.
그러므로 자신이 무엇을 원하고 무엇을 지키기 위해 행동하는지 모르면 해결책도 결코 찾을 수 없다.

책임을 남에게 떠넘기는 것은 결국 '내가 행동하지 않아도 되는 핑계'를 찾기 위한 몸부림에 불과하다.

따라서 '왜 이렇게 되었을까?'라는 자문자답에는 의미가 없다.

그 대신 자신에게 **질문 5** '지금 내가 해야 할 일은 무엇일까?', '나는 이 상황에 대해 어떤 행동을 취할 수 있을까?'라는 질문을 던져야 한다.

모두가 안 된다고 했던
유누스의 실험

앞서 등장한 무하마드 유누스를 다시 떠올려 보자.

그는 빈곤층에 돈을 빌려주는 그라민 은행을 만들었다. 이 은행의 주목적은 담보 없이 돈을 빌려줌으로써 가난한 사람들이 빈곤에서 탈출하게 돕는 것이다.

유누스의 시도를 접했을 때 수많은 경제·금융 전문가가 가난한 사람들에 대한 편견 때문에 "돈을 빌리자마자 모두들 기다렸다는 듯 도망칠 것이다"라고 지적했다.

그러나 유누스가 "모두 타당한 말처럼 들리지만 실제로 이 일을 시도했던 사람이 있는가?"라고 물었더니, 확증은 없다는 대답이 나왔다.

그래서 그는 실험을 시작했다.

실제로 소액 융자 상품을 만들고 면접을 통해 대상자를 신중하게 선별한 후 돈을 빌린 사람이 도망가는지 아닌지 검증한 것이다. 구체적으로 말하자면 다섯 명이 팀을 짜서 한 사람씩 순서대로 돈을 빌리고 갚게 했다. 한 사람이 돈을 갚지 않으면 나머지 네 명이 더 이상 대출을 할 수 없는 구조다.

그랬더니 '지금의 가난을 탈출하고 싶다'며 융자를 받은 사람은 대부분 성실히 일해서 대출을 갚으려고 노력한다는 결과가 나왔다.

실제로 그라민 은행의 변제율은 90퍼센트 이상으로 일반 투자 은행보다 훨씬 높은 수준이다.

이처럼 사람은 일정한 행동으로 자신의 욕망을 성취할 수 있음을 알면 사고방식까지 바꾸어 의욕적으로 나서는 존재다.

자신의 행동에 확실성이 생기기 때문이다. 아직 행동에 나서지 않은 사람은 아직 자신의 진짜 욕망을 모르고 있을 뿐이다.

스스로 답을 찾는 힘

PART. 3
SUMMARY

- 욕망을 실현하지 못하는 사람 대다수는 '가짜 욕망'을 진짜 욕망으로 착각하고 있다.

- '가짜 욕망'이란 열등감이나 불만, 결핍, 원한과 슬픔, 상실감 등의 고통에서 도망치기 위해 무의식이 만들어 낸 '대체물'이다. 가짜 욕망을 이루어도 사람은 행복해지지 않는다.

- '가짜 욕망'의 뒤에 숨어 있는 진짜 욕망은 자문자답으로 알아낼 수 있다. 이때는 '내가 가장 소중히 여기는 것'이 무엇인지 명확히 아는 것이 중요하다.

- 진짜 욕망으로 사람이 충족하려는 6가지 감정적 가치는 '확실성', '불확실성과 다양성', '애정과 유대감', '중요성', '성장', '공헌'이다.

- 고민을 만드는 모든 문제는 궁극적으로 내게 '선물'이 된다. 그리고 타인이나 환경이 아닌 나의 행동을 바꿈으로써 모두 해결할 수 있다.

PART 4

일이
잘 풀리는
'진짜 욕망'
찾기

충실한 삶을 살기 위해서는
자신의 '진짜 욕망'을 깨달아야 한다.
그렇다면 어떻게 해야
'진짜 욕망'을 찾을 수 있을까?
PART. 4에서는 '진짜 욕망'을 찾고
인생의 질을 높이는 방법을
생각해 본다.

진짜 욕망을
찾기 전에 알아야 할 것

인생의 고민을 해소하는 자문력을 기르려면 일단 문제를 자기 일로 받아들이고, 가짜 욕망에 휘둘리지 않고 진짜 욕망과 가짜 욕망을 구분할 줄 알아야 한다.

늘 일이 잘 풀리지 않는 사람은 애초에 자신이 바라는 목적과 다른 일을 하려고 애쓰다가 실패를 거듭하는 것일 수 있다.

따라서 자신의 진짜 욕망을 아는 일이 무엇보다 중요하다.

이 책에서도 '내가 정말로 얻고 싶은 것은 무엇일까?', '그것은 나에게 어떤 의미가 있을까?'라고 끊임없이 자문자답하며 진짜 욕망을 찾으라고 거듭 강조했다.

그래도 아직 진짜 욕망이 무엇인지 느낌이 오지 않는 사람이 많을 것이다.

그래서 PART. 4에서는 진짜 욕망을 찾는 방법을 이야기하려 한다.

진짜 욕망이란 과연 무엇일까?
우리는 모두 백지 상태로 태어난 후 타고난 호기심으로 세상을 배워 나간다.
그런데 그때 사람마다 흥미를 느끼는 것이 다르다.
그중 나를 가장 설레게 만드는 것이야말로 원래 내가 좋아하는 것이며, 원래 내가 바라는 것이다.
우리에게는 부모와의 관계, 주변 사람과의 관계도 있다. 그래서 성장할수록 타인과의 관계에서 영향을 받고 부모님이나 주변의 희망, 기대에 내가 바라는 것을 맞추려 한다.
결국 우리는 성장하는 과정에서 '내가 바라는 것'을 점점 세상이 바라는 것, 즉 좋은 대학, 좋은 회사, 사회적인 성공 등에 맞추어 바꿔 나간다.
그러는 동안 원래 내가 좋아하는 것과 원래 내가 바라는 것은 점점 머릿속 깊숙한 곳으로 밀려나고 만다.

그러나 진짜 욕망은 머릿속 깊숙한 곳에 밀려난 채 여전히 존재한다.
그러니 원하는 것을 찾고 더 행복하게 살고 싶다면 머릿속의 문을 열고 진짜 욕망을 끄집어내기만 하면 된다.

나는 사회적으로 성공했지만 행복하지 않은 사람을 수없이 보아 왔다. 성공을 추구하는 과정에서 진짜 욕망에 줄곧 덮개를 씌워 놓고 진짜 욕망을 보려 하지 않았기 때문이다.

그중에 엄청난 매출을 올려 회사에서 높은 지위에 오른 영업 담당자가 있었다. 그런데 그 사람은 사적인 자리에서는 언제나 쓸쓸한 말투로 "나는 원래 이런 놈입니다"라고 입버릇처럼 말했다. 그는 인생을 전혀 즐기는 것 같지 않았다.

어떤 여성 컨설턴트는 수많은 여성이 동경하는 일을 하고 있으면서도 언제나 "내 존재의 의미를 모르겠다"고 말했다. 그래서인지 사적인 영역은 전혀 성공적이지 않아 이혼도 여러 번 했다.

이들은 모두 진짜 욕망을 어딘가에 밀쳐둔 채 사회적 성공을 거두면 행복해질 것이라 여기고 열심히 살아온 사람들이다. 많은 사람이 이렇게 살고 있지 않을까?

진짜 욕망을 찾지 못하면, 세상이 인정하는 성공을 거두어도 좀처럼 현재의 삶에 만족하지 못한다. 그것이 인간이란 존재다.

주변까지 행복하게 만드는
진짜 욕망

그렇다면 어떻게 해야 '진짜 욕망'을 알고 정말로 행복한 인생을 살 수 있을까?

예를 하나 들어 보자.

내 코칭 프로그램에 참여했던 한 고객의 이야기다. 그는 세계적으로 활약하는 어떤 인물 밑에서 성공 수업을 받았다고 했다.

그 기술 중 하나로 호감 가는 미소 짓는 법을 배우기도 했다는데, 나는 그의 웃는 모습에서 서글픔밖에 느끼지 못했다.

그와 몇 번 상담을 하며 이야기를 나누었다.

그는 무엇보다 도호쿠(東北)에 사는 어머니를 걱정하고 있었다. 혼자 사는 어머니가 암에 걸려 투병하고 있었기 때문이다.

그는 이런저런 건강 지식을 배워 어머니에게 전하기도 하고 다양한 건강식품을 챙겨 보내기도 했지만, 연로하신 어머니는 그의 말을 잘 따라 주지 않았다.

그래서 스스로 일류 코치가 되어 어머니를 설득할 생각으로 내 프로그램에 참여한 것이었다.

그는 멀리 사는 탓에 어머니를 자주 만나지 못하는 것이 불안한 듯했다. 이렇게 효심이 깊은 아들이지만, 어머니는 어머니대로 직업이 확실하지 않고 수입도 불안정한 그를 걱정한다고 했다.

'어머니를 빨리 안심시켜드리고 싶다. 그러려면 어떻게 해야 할까?'
'어머니가 정말로 기뻐하시는 일은 뭘까?'
'과연 금전적인 성공에 집착할 필요가 있을까?'
'오히려 내가 더 자주 찾아뵙고 정직원이 되어 걱정을 덜어 드리는 편이 낫지 않을까?'

그와 그런 대화를 이어나갔다.

그리고 그는 결국 '어머니는 내가 힘들게 성공하는 것보다 내가 행복하고 충실하게 사는 것을 기뻐하신다. 그것이야말로 진정한 성공이다'라는 생각에 도달했다.

나중에 그는 간절히 들어가고 싶었던 회사의 좁은 문을 통과했고, 몇 년 후에 그 회사의 거래처가 되어 독립하는 데 성공했다.

아들이 보람 있는 일을 하며 활기차게 사는 것을 보고 어머니도 분명 기뻐했을 것이다.

무엇보다 그의 얼굴에서 부자연스러운 미소가 사라졌다는 점에서 나 역시 코칭의 보람을 느꼈다.

진짜 욕망을 찾는
자문자답 방법

바로 앞에서 내 코칭 프로그램을 통해 자신의 '진짜 욕망'을 깨닫고 목표를 수정한 남성의 사례를 소개했다. 하지만 코칭을 받지 않더라도 올바른 자문자답을 한다면 자신의 진짜 욕망을 충분히 알아낼 수 있다.

반드시 인생에서 중요한 선택을 하는 시점이 아니라도 괜찮다.

격렬한 감정이 몰아닥칠 때마다 마음을 추스르고 자문자답을 하다 보면 자신의 본심과 진짜 원하는 것을 알아낼 수 있을 것이다.

내 사례를 소개하겠다.

예전에 우리 집 현관에서 작은 딸이 넘어진 적이 있었다.

장마 때라 일기예보를 본 아내가 현관에서 신발에 방수 스프레이를 뿌린 것이 문제였다.

　작은 딸이 넘어지자마자 아내는 걸레로 현관 바닥을 닦기 시작했다. 그 모습을 보고 나는 아내에게 말했다.

　"수건으로는 안 닦일걸. 인터넷에서 제대로 닦아낼 방법을 찾는 게 어때?"

　그러자 아내는 "꼼꼼히 닦으면 괜찮아"라고 대답했다.

　순간 화가 벌컥 났다. 말로 내뱉지는 않았지만 속으로는 '애가 넘어져 어디 크게 다쳤으면 어쩔 뻔 했어! 책임질 수 있겠냐고!'라고 고함을 쳤다.

　현관에는 박스가 놓여 있었으니 잘못 넘어졌으면 그 모서리에 찔려 눈을 다칠 수도 있었던 상황이었다. 상상하니 온몸에 소름이 돋았다.

　이럴 때 잠시 멈춰서서 자문자답을 해야 한다.

　나도 그 즉시 자문자답을 시작했다. 나는 그때 딸에게 닥친 위험 때문에 고통을 느꼈다. 그런데 정말로 그것 때문이었을까?

　생각해 보니 아니었다. 내가 화가 났던 이유는 아이의 안전을 충분히 고려하지 않는 듯 보이는 아내 때문이었다.

　그렇다면 아내가 아이의 안전을 좀 더 배려하고(어디까지나 내 주관이지만) 인터넷에서 방수 스프레이 닦는 법을 검색했다면 내 진짜 욕망이 달성되었을까?

그것도 아니다.

내 진짜 욕망은 '아이가 안전하게 지내는 것'이지 '아내가 바뀌는 것'이 아니었기 때문이다.

화를 내며 지적했다면 아내가 내 말을 듣고 방수 스프레이 닦는 법을 검색했을지도 모르지만 그런다고 아이의 안전이 확보되는 것은 아니다.

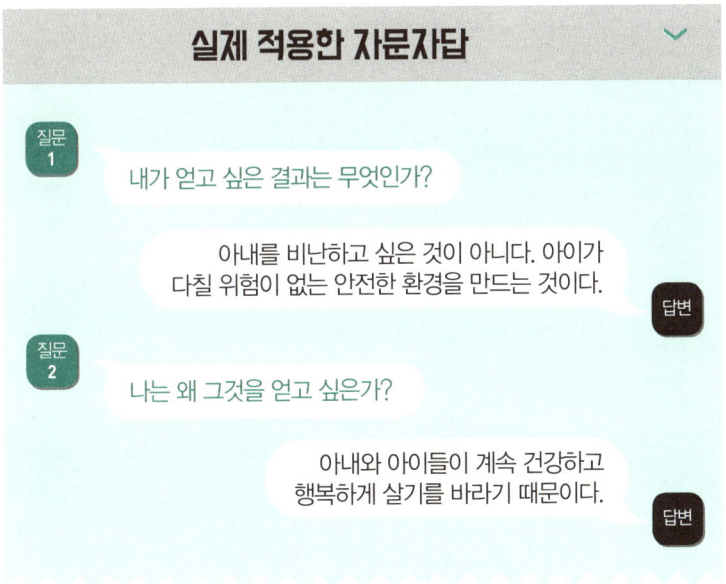

질문 3 어떻게 하면 그것을 실현할 수 있을까?

아내를 비난해도 달라질 것은 없다. 안전하게 지낼 환경을 만드는 것이 가장 중요하다. **답변**

아이들이 즐겁게 지내려면 아내의 마음이 안정되어야 한다. 아내의 부담을 줄이기 위해 내가 할 수 있는 일을 하자. **답변**

질문 4 이것은 내 미래에 어떤 의미가 있을까?

그러면 나도 가족이 위험에 노출될지 모른다는 불안을 버리고 안심할 수 있다. **답변**

아내에 대한 내 애정을 표현할 수도 있다. **답변**

질문 5 지금 내가 해야 할 일은 무엇일까?

일단 박스를 정리하자. 그것 말고도 아내의 부담을 줄여 줄 방법을 더 생각해 보자. **답변**

스스로 답을 찾는 힘

내가 정말로 바라는 것과 내 행동이 일치하지 않는 것이다.

여기서 반드시 필요한 것이 자문자답이다. 나는 바른 답을 도출하기 위해 5가지 질문을 스스로에게 던졌다.

그래서 현관에서 박스를 치운 다음, 물건을 둘 수 있는 곳과 두지 말아야 할 곳을 정했다. 물론 바닥 닦는 법을 직접 찾아서 실천할 수도 있다. 방법은 각자의 상황에 맞게 적용하면 된다.

이렇게 진짜 욕망을 알고 그것을 바탕으로 행동하면 노력해도 마음이 충족되지 않는 상태를 피할 수 있고, 타인을 바꾸려 할 때 생겨나는 스트레스와 갈등도 없앨 수 있다.

실제로 회사에서도 업적을 올리거나 관리자로서 좋은 평가를 받을 목적으로 부하를 채근하는 상사들을 종종 볼 수 있다.

그러나 그렇게 해서는 상황을 개선할 수 없다.

타인을 변화시키려 하기보다 자신이 먼저 진짜 원하는 것을 찾고, 욕망을 이룰 수 있는 행동을 하는 것이 관건이다.

5W1H 활용하여
진짜 욕망 찾기

앞의 PART. 3 '일이 잘 안 풀리는 '가짜 욕망'에서 벗어나기'에서는 가짜 욕망을 만들어내고 만족스럽지 못한 인생을 사는 이유에 대해 이야기했다.

PART. 3의 내용을 앞의 내 사례에 적용해 보면, '아내가 아이의 안전을 더 배려하기 바란다'는 내 생각은 '아이가 안전하게 지내기를 바란다'는 진짜 욕망을 숨긴 가짜 욕망이었다.

'부하가 내 생각대로 움직이기를 바란다'는 관리자의 생각 역시 '관리 능력을 높이고 싶다'는 진짜 욕망을 숨긴 가짜 욕망이다.

종종 '팀장이 모두의 마음을 좀 더 이해하고 팀을 통합했으면 좋겠다'는 욕망을 말하는 사람이 있는데, 이것도 가짜 욕망이다. 왜냐하면 대부분의 경우 그 사람의 진짜 욕망은 '팀장의 성격이 좋아졌으면 좋겠다'가 아니라 '팀이 통합되어 좋은 성과를 내고 싶다' 쪽이기 때문이다.

다시 말해 팀 전원이 서로 신뢰하고 결속되어 있다면 팀장이 아무리 부하의 감정에 둔감해도 별 문제가 없을 것이다.

그렇다면 팀장이 달라지기를 바라기 전에 자신이 중간 관리자 같은 역할을 해서 팀을 통합하려고 나서지 않는 이유는 뭘까?

가짜 욕망에 휘둘려 진짜 욕망을 실현하기 위한 행동을 취하지 않기 때문이다. 타인이 바뀌기를 바라기보다 스스로 원하는 것을 성취하기 위해 행동하는 것이 중요하다.

진짜 욕망을 뚜렷하게
자각하지 못했을 때

사람이 남 탓을 하는 가장 큰 이유 역시 자신의 진짜 욕망을 뚜렷이 자각하지 못하기 때문이다.

이럴 때는 자신이 바라는 상태를 5W1H를 활용하여 명확히 그려 보자.

5W1H는 정보를 명료하게 전달하기 위해 비즈니스에서 자주 쓰이는 개념이다.

진짜 원하는 것을 찾는 5W1H

- **When** ——————— 언제
- **Where** ——————— 어디서
- **Who** ——————— 누가
- **What** ——————— 무엇을
- **Why** ——————— 왜
- **How** ——————— 어떻게

스스로 답을 찾는 힘

예를 들어, 앞에서 언급한 '팀장이 변하기를 바라는 사람'이라면 사무실도 좋고 송년회 등 회식 자리도 좋으니 거기 모인 팀원들의 얼굴을 하나하나 떠올려 보자.

팀원들은 언제, 어떤 상황에서, 어떤 일을 했을 때 '이 팀에서 일하기를 정말 잘했다'고 진심으로 기뻐할까? 그런 상황을 그릴 때 가슴이 두근거린다면 확실히 그것이 자신의 진짜 욕망이라 할 수 있다.

그렇다면 '그것을 실현하기 위해 내가 무엇을 할 수 있을까?'를 자문해 보자.

5W1H를 활용하여 명료하게 파악한 욕망 때문에 가슴이 두근거린다면 아무런 의무감 없이도 몸이 먼저 움직일 것이다.

삶에 지속적으로 어려움을 겪는 사람, 인생에 만족하지 못하는 사람은 이처럼 진짜 욕망을 상상하지 않는 사람이다.

아무리 사회적 성공을 이루었다 해도 자신의 진짜 욕망과 다른 방향을 향하는 사람이라면 결코 진정한 성취감과 행복감을 맛볼 수 없을 것이다.

스스로 할 수 있는
행동에 집중하기

사람들이 중시하는 가치는 대체로 인류의 긴 진화를 통해 자연스럽게 확립된 것들이다. 따라서 기본적으로 사람에게는 '나만 행복하면 된다'는 식의 독선적 가치관이나 복수, 파괴를 지향하는 등의 부정적인 것이 거의 없다.

예를 들어 많은 사람이 남의 인정을 받기를 바라는 것은 구성원이 서로를 인정해 주어야 공동체가 발전하고 함께 살아남기 쉽기 때문이다.

성장하고 싶다, 새로운 물건을 고안하고 싶다, 안정적으로 살고 싶다 등의 가치관은 모두 자신뿐만 아니라 '인류'라는 집단에 이로운 가치를 제공하기 때문에 중요한 가치관으로 자리잡은 것이다.

당신의 마음속에도 그처럼 남에게 도움이 되고 싶은 가치관이 반드시 잠들어 있을 것이다. 그러므로 자문력을 활용하여 마음 깊은 곳에서 그 가치관을 끄집어내자. 그런 가치관에 눈을 뜨면 고민하거나 방황하지 않고 만족스러운 인생을 누릴 수 있다.

PART. 3에서 소개한, 남성에게 늘 이겨야한다는 가짜 욕망에 지배당했던 여성을 생각해 보자. 그녀의 진짜 욕망도 결국 '남에게 인정받는 것'이었음을 기억할 것이다.

타인에게 인정받는 느낌은 인간이 사회생활을 하는 데 매우 중요한 역할을 한다. 사회가 발전하기 위해서는 이처럼 내가 인정받는 것과 동시에 내가 타인을 인정하는 것도 매우 중요하다.

그래서 나는 그녀에게 주변 사람의 사소한 장점을 찾고 인정하는 것부터 시작할 것을 제안했다. '타인의 인정을 받는 것'은 스스로 할 수 없는 일이지만 '타인을 인정하는 것'은 스스로 할 수 있는 행동이기 때문이다.

남을 인정하다 보면 인간관계가 긍정적으로 변화되고 확장된다. '이 사람은 나를 정말로 인정해 주는구나'라고 그녀 스스로 확신할 수 있는 관계도 늘어날 것이다. 그러면 예전처럼 노력해서 성과를 내도 나 스스로를 인정하지 못하는 삶 대신 내가 노력한 만큼 만족하는 삶을 살게 될 것이다.

이런 변화는 사람을 흡족하게 하고 행복감을 준다.

이처럼 감정과 행동, 욕망과 결과, 가치관과 현재의 방향성이 일치했을 때 느끼는 가치가 바로 '자유'다.

자유를 얻고 싶다면 그녀처럼 '내가 바라는 일'을 남에게 해 주는 것이 최고의 방법이다.

혹시 그녀가 '인정받는 것'을 중요시하는 사람이었기 때문에 남을 인정함으로써 행복을 찾을 수 있었다고 생각하는 사람이 있을지도 모르겠다.

만약 '새로운 물건을 고안하는 것'을 지향하는 사람이었다면 혼자 창작에 전념하기만 해도 만족스러운 인생을 살 것이라고 생각할 수도 있다. 그러나 스티브 잡스 같은 경영자도 수많은 창작자들에게 기회를 열어 줌으로써 세계를 크게 바꾸어 놓았다.

혼자 묵묵히 탐구를 지속하는 사람보다 남에게 도움을 주는 사람이 훨씬 큰 만족감을 느낀다는 것은 누구나 짐작할 수 있다.

수많은 성공 사례를 보면 그 사실이 더 분명해진다. 독보적인 성공을 거둔 사람은 모두 고고한 인물로 보이지만 실은 자신이 기뻐하는 일을 남에게 베푸는 데 앞장선 이들이다.

올바른 질문을 하면
자신의 현재를
볼 수 있다

'스스로 답을 찾는 힘'을
키워
자신의 진짜 욕망을
찾아라

싫어하는 사람을 통해
깨닫게 되는 것

인간의 마음속 깊은 곳에는 인류에게 공헌하려는 욕구가 잠들어 있다고 이야기한 바 있다.

그래도 여전히 참을 수 없이 불쾌하게 느껴지는 사람이나 꼴도 보기 싫을 만큼 미운 사람 때문에 부정적인 감정에 지배당하는 일이 누구에게나 종종 일어난다.

그러나 그런 싫은 사람이야말로 당신에게 중요한 사실을 깨닫게 해 줄 소중한 기회를 제공하고 있다.

'고민'이란 성장하는 사람에게만 찾아오는 '선물'이라고 말했다. 인격적·사회적으로 성장할수록 예전의 나로서는 대처할 수 없는 문제를 만나게 된다. 그럴 때마다 사람은 고민한다.

제자리에 머무르는 사람, 사고가 정지된 사람은 고민하지 않는

스스로 답을 찾는 힘

다. 그렇기에 고민은 선물이다.

즉, 당신이 싫어하는 그 사람도 당신이 성장하는 과정에서 반드시 만나야 했기 때문에 만난 사람이다. 성장하지 않았다면 애초에 그 사람을 만나지 않았을 것이다.

당신의 회사에 항의 전화를 건 고객을 예로 들어 보자.

그들은 특별히 잘못한 것도 없는 당신에게 회사에 대한 분노를 폭발시킨다. 그들 중에는 말이 전혀 통하지 않는 사람도 많다. 어쨌든 대응해야 하는 당신으로서는 속이 뒤틀리게 마련이다.

그래도 잠시 호흡을 가다듬자. 왜 당신이 그 고객을 상대해야 하는 걸까?

당신은 고객센터 직원도 아니고 책임자도 아닐지 모른다. 그런데도 누군가 당신에게 그 일을 맡긴 것은 당신이 무책임해서 문제를 더 악화시킬 사람이 아니라고 믿었기 때문이다.

만약 상사가 자신의 책임을 당신에게 떠넘긴 것이라 해도, 당신이라면 해낼 것이라는 기대가 있었다는 것만은 사실이다.

한편 고객 입장에서도 무슨 말을 해도 소용이 없을 것 같은 사람에게는 분노를 퍼붓지 않는다. 무슨 이유에서든 '이 사람은 이야기를 들어 줄 것이다'라고 생각했기 때문에 당신에게 격렬한 항의를 전달한 것이다.

즉, 심하게 항의하는 고객 역시 당신이 성장했기 때문에 만난 사람이다.

그러므로 이럴 때 깨닫길 바란다.

'나도 이런 까다로운 상대를 다루어야할 만큼 성장했구나'라고 말이다.

당신은 이제 소통 능력을 조금 더 길러야할 할지도 모르고 교섭술이나 심리학을 따로 공부해야 하는 단계일지도 모른다.

그렇다면 그 까다로운 상대는 당신이 더 성장하기 위해 지금 무엇이 필요한지 가르쳐 주는 존재일 수도 있다.

디즈니랜드와
24시간 영업점의 공통점

또 한 가지 짚고 넘어갈 것이 있다.

똑같이 항의 전화를 받아도 '오늘은 짜증 나는 날이었다'며 그냥 넘어가는 사람이 있는가 하면 '고객이 너무 화를 내서 제대로 설명도 못했다. 내가 어떻게 했어야 하는 걸까?'라고 고민하는 사람도 있다.

후자처럼 방법을 찾기 위해 고민하는 사람에게는 더 큰 기회가 찾아온다.

이 사람은 화를 내는 고객으로 인해 상처를 받았다. 상대를 기쁘게 해 주는 것을 중요하게 생각하는 사람이라서 고객의 마음을 풀어 주지 못한 것이 못내 마음에 걸렸기 때문이다.

자신에게 이런 가치관이 있음을 알아채면 인생이 크게 달라질 수 있다.

실제로 고객을 기쁘게 하지 못한 사건을 계기로 서비스 태도를 연구하여 컨설턴트가 된 사람도 있고, 새로운 형태의 매장을 만들어 낸 사람도 있다. 성인도 즐길 수 있는 유원지를 지향한 디즈니랜드, 밤늦게 찾아온 고객을 돌려보낸 데 대한 죄책감으로 24시간 영업을 표방하며 사업이 급성장한 대형 잡화점 돈키호테 등이 전형적인 사례다.

즉, 당신을 괴롭히는 사람이나 당신을 힘들게 하는 사람은 지금까지 몰랐던 당신의 가치관을 가르쳐 주기 위해 나타난 사람인지도 모른다. 그들은 당신의 교사이자 코치다.

또한 그들과의 만남 역시 당신이 성장한 덕분에 일어난 사건이다.

불편한 사람과
지혜롭게 지내는 법

'불편한 사람과 힘들게 관계를 유지하기보다 미움받아도 좋으니 편하게 살겠다'는 것도 하나의 엄연한 가치관이다. 기시미 이치로의 《미움받을 용기》에서도 미움받을까 봐 두려워 남에게 휘둘리다 보면 곤경을 극복할 수 없다고 말한다.

그러나 욕망을 척척 성취하는 사람들이 주위의 미움을 받느냐 하면 결코 그렇지 않다. 정말로 강한 사람은 가치관이 다른 사람에게서도 신뢰를 받기 때문이다.

그러므로 미움을 사지 않으면서도 자신이 원하는 것을 선택하는 삶을 사는 사람이 진정한 승자다. 이 점을 착각해서는 안 된다.

예를 들어 1단계를 미움받지 않으려다가 남에게 휘둘리는 사람이라고 해 보자. 이들은 주머니 사정이 좋지 않은데도 사람들이

권하면 '인간관계를 망치기는 싫다'며 마지못해 모임에 참석한다.

반면 2단계로 성장한 사람은 사람들이 권해도 "난 안 갈래"라고 단호히 거절할 수 있다.

설사 인간관계가 빈약한 사람이라는 평가를 받더라도 자기 자신만 자유로우면 상관없다고 생각한다.

한편 마지막 단계인 3단계에 도달한 사람은 자신의 상황을 고려하는 동시에 상대와의 교제도 망치지 않는다. "이번에는 못 가지만 다음에는 꼭 갈게"라고 완곡히 거절하거나 "집에 일이 있어서 식사는 어렵지만 잠깐 카페에서 볼까?"라고 가능한 방법을 제안하는 식이다.

미움받지 않는 관계를 유지하는 비결

물론 이야기를 나누는 것 자체가 스트레스일 만큼 싫은 상대라면 상황이 달라지지만, 어려울 때 도움을 줄 만한 사람들과 관계를 유지하면서도 무리하지 않을 수만 있다면 그만큼 이상적인 상태가 없을 것이다.

코칭 이론에서는 1단계 사람들이 자신의 상황을 제대로 이해하지 못한다고 판단한다. 2단계 사람들은 자기 상황을 이해했을 뿐 상대의 상황은 전혀 이해하지 못한 상태다.

반면 3단계 사람들은 자신과 상대의 상황을 동시에 이해하면서 '여기서 나에게 중요한 것은 무엇인가?'라고 우선순위를 매겨 생각한다.

거기까지 생각해야 비로소 자유로운 인간관계를 유지할 수 있다.

이런 사고방식을 토대로, '지금 내가 최우선으로 돈을 써야 할 곳은 어디인가?'라는 질문에 답해 보자.

'아이의 교육'이라고 답하는 사람도 있고 '가족의 취미 생활'이라고 답하는 사람도 있을 것이다. '연애 사업'이 최우선이라는 사람이 있는가 하면 '자기 계발'이 최우선인 사람도 있다. 경우에 따라서는 '기분 전환을 위한 오락'이 최우선이 되는 사람도 있을 것이다.

이런 우선순위에 따라 우리는 지출을 배분한다.

만약 '연인이 가장 소중하다'고 말하면서 데이트할 때는 돈을 별로 쓰지 않고 회사 술자리에만 돈을 쏟아붓는다면 주변의 신뢰를 얻기 어렵다.

또 '자기 계발이 중요하다'고 말하면서 책은 한 권도 사지 않고 그 몇 배나 되는 돈을 게임하는 데 쓰는 사람은 결코 성장하지 못할 것이다.

지금까지는 자신에게 중요한 것에 관해 이야기했는데, 상대 역시 자신의 우선순위에 따라 지출을 배분한다는 것을 명심해야 한다.

따라서 '가족이 최우선이다'라고 생각하는 당신에게 '인맥을 넓히는 것이 최우선이다'라고 생각하는 누군가가 모임을 권하는 일이 생길 수 있다.

이럴 경우 상대에게 맞춰 주거나 권유를 거절하면 둘 중 하나의 욕망이 좌절되는 상황에 빠진다.

그러나 다시 생각해 보자. 상대는 인맥을 넓히기만 하면 욕망을 이룰 수 있고, 나는 가족과 함께 시간을 보내기만 하면 욕망이 이루어진다.

그러므로 상대에게 다른 사람을 소개해 주겠다고 약속하거나, 모임에 참석하는 대신 선물을 해서 인간관계를 유지하겠다는 의지를 보여 주는 방법을 생각할 수 있다.

또는 가족 동반 모임을 제안하는 등 인맥을 넓히는 동시에 가족과의 유대를 강화할 방법을 찾는 것도 나쁘지 않다.

상대에게 미움받지 않으면서 자신의 욕망을 이룰 방법을 찾기가 어려울 때도 있다. 그럴 때는 '이 문제를 해결할 수 있는 사람은 어디에 있을까?'라고 자문해 보자.

이런 식으로 지혜를 짜내면 남의 제안을 거절하거나 적으로 돌리지 않으면서도 자신의 욕망을 효과적으로 달성할 수 있다.

어려울 때 도와줄 사람을 많이 확보해 놓은 사람은 대부분 이런 식으로 인간관계를 관리하고 있다.

작은 세상에서 벗어나
자신을 성장시키는 방법

어색한 사람, 불편한 사람이 당신의 인생에 나타나 괴롭게 하고 있다면 기회가 찾아온 것이라고 이야기했다. 또 '나의 진짜 욕망'을 우선으로 행동한다면 그런 사람들과도 부정적인 감정을 남기지 않으면서 현명하게 사귈 수 있다고 설명했다.

그러나 역시 대부분의 사람이 싫은 사람, 불쾌한 사람을 인생에서 배제하려 한다. 그렇게 해서 좋아하는 사람만 존재하는 이상적이고 온화한 환경을 만들어 내려 한다.

그런데 그것이 정말로 이상적인 환경일까?

가령, 당신이 평화로운 작은 마을에서 평생을 살았다고 하자. 마을 저편 아득히 먼 곳에는 큰 도시가 있고 더 멀리에는 다른 나라도 있지만 당신은 지금까지 마을 안에서 그리 많지 않은 사람들과 교류하며 일생을 살아왔다.

도시에 가면 사람들이 당신을 시골뜨기라고 무시할지도 모른다. 심지어 외국에 가면 말이 통하지 않는 사람들 사이에서 부대끼며 살아야 한다.

도시나 외국이 있다는 사실도 모른 채 죽을 때까지 그 마을을 세상의 전부로 알고 느긋하게 살아간다면 무척 행복한 인생일지도 모르겠다.

그러나 죽음을 눈앞에 두고서야 큰 도시와 더 큰 세상이 있음을 알게 된다면 얼마나 허탈할까? 아무것도 모른 채 인생을 허비했다며 후회할지도 모른다.

인간에게는 원래 변화를 꺼리는 '호메오스타시스(homeostasis, 항상성)'라는 경향이 있다.

이것은 인류가 하나의 종으로 살아남기 위해 갖추게 된 성질로, 자연환경에 대해서만이 아니라 인간관계에 대해서도 작동한다. 그래서 우리는 친숙한 사람들 사이에 있어야 안심이 되고 기분이 좋아진다.

물론 가족처럼 가장 가까운 사람들 사이에서 편안하게 사는 것은 사람이 행복해지기 위한 필수 조건일 것이다.

그러나 자신을 더 성장시키고 싶거나 크게 성공하고 싶은 사람은 호메오스타시스를 극복하고 외부 세계로 나아가야 한다.

또한 스스로 나서지 않더라도, 익숙한 세상에서 성장을 지속하다 보면 외부 세계에서 먼저 당신을 찾아오기도 한다.

예를 들어 작은 마을에 살던 당신이 마을 사람들에게 아름다운 액세서리를 만들어 팔았다고 하자. 당신이 발전을 거듭하여 액세서리가 마을에서 큰 인기를 끌면 먼 도시, 또는 외국에서 당신과는 전혀 다른 가치관을 가진 사람들이 당신의 액세서리를 사러 마을로 찾아올 것이다.

불편한 사람, 불쾌한 사람과의 접촉은 대체로 그렇게 일어난다. 안정적인 환경이 흐트러질 위험을 감수하고 먼 세상으로 뛰어들지 않으면 죽을 때까지 작은 세상에 갇힌 작은 사람으로만 살아야 할 수도 있다.

'인생이 잘 풀리는 사람'의 특징

사람에게는 누구나 호메오스타시스가 있지만, 가끔 그런 감각이 마비된 듯 끊임없이 새로운 환경과 새로운 인간관계를 추구하는 사람이 있다. 이렇게 말하면 그들이 특이한 체질을 타고난 것처럼 느낄 수도 있지만, 사실 그런 성격 형성에는 교육과 문화가 큰 영향을 미친다.

예를 들어 일본에 체류하는 수많은 외국인을 보면, 일본인에 비해 낯선 문화권, 낯선 민족에 섞이는 것을 크게 두려워하지 않는 듯 보인다.

아마도 이동하며 환경을 바꾸는 것이 라이프스타일로 굳어진 민족이거나 외국 체류 경험이 미래에 긍정적인 영향을 미치는 문화권에서 살던 사람들이기 때문일 것이다.

일본인에게는 성공해서 고향에 돌아오는 것에 대해 자부심을 느끼고, 지역에 공헌하는 것을 중요시하는 문화가 있다. 또 자기 집을 갖는 것, 자립하는 것이 성공을 가늠하는 기준이 되는 문화에서 살았기 때문에 환경을 자주 바꾸는 것을 꺼리는 경향이 있다.

어떤 상황에서도
스스로를 '갱신'하는 사람

다만 일본인 중에도 이사한 지 몇 년 지나면 지겨워서 다시 이사를 한다는 사람, 이직한 지 삼 년쯤 되면 일에 흥미가 떨어져서 새로운 일을 찾게 된다는 사람이 가끔 있다.

나도 그중 하나다. 솔직히 이런 유형은 조금은 충동을 억누르고 지금까지 쌓아 올린 일, 지금까지 구축한 인맥을 좀더 소중히 여겨야 할지도 모르겠다.

그러나 이처럼 몇 년 단위로 자신을 '갱신'하는 습관을 들이면 성장을 멈추지 않고 지속적으로 업무 기술을 향상시키고 비즈니스 영역을 확대할 수 있다.

당연히 새로운 일에 적응하다 보면 불쾌한 경험도 하게 되고 싫어하는 유형의 사람도 만나게 된다. 인간관계의 갈등이나 상처, 일의 실패나 좌절을 겪기도 한다.

　그래도 지켜야 할 가치관과 소중한 인간관계를 뚜렷이 의식하기만 하면 어떤 상황에서도 절망하지 않을 수 있다.

　인생의 변화를 겪을 때 우리는 '모든 것을 버리고 새로 시작한다'느니 '인생을 전면적으로 수정한다'는 말을 자주 쓰지만, 이전에 쌓아올린 것을 다 버릴 필요는 없다. 자신에게 정말로 소중한 것은 굳게 지키면서 바꾸어야 할 것만 바꾸면 된다. 다만 새로 접한 이질적 요소와 이해하기 어려운 일들을 두려움 없이 받아들여 성장의 밑거름으로 삼을 뿐이다.

　이렇게 하면 '안정감 있는 성장'이 충분히 가능하다. 머리를 좀 더 유연하게 쓴다면 세상의 모든 난관에 지혜롭게 대처할 수 있다.

　이것이야말로 '인생이 잘 풀리는 사람'의 특징이다.

감사하는 습관이
중요한 이유

여기서는 이질적인 요소와 이해하기 힘든 일을 받아들이기 위한 트레이닝 프로그램을 소개하려 한다.

지금 당신의 눈앞에 컴퓨터가 있다고 하자.

그 컴퓨터에 얼마나 많은 사람이 관련되어 있는지 상상해 보자.

- 컴퓨터를 발명한 사람
- 컴퓨터를 제조하고 판매한 사람
- 컴퓨터를 이곳으로 옮겨 준 사람

공간 축을 넓히면 수많은 사람이 그 컴퓨터와 관련되어 있다는 사실을 알 수 있다. 그리고 시간 축을 과거까지 늘리면 그 수는 더

어마어마해질 것이다. 그 컴퓨터를 만든 공장에는 누가 있었을까?

- 공장 건설에 참여한 사람들
- 그들의 아버지와 어머니
- 그들을 보호해 준 지역사회 사람들

생각할수록 그 수가 무한대로 커질 것이다.
이런 상상을 통해 우리는 얼마나 많은 사람이 무언가를 통해 나와 연결되어 있는지 생각해 볼 수 있다.

남에게 감사하지 못하는 사람은 세상과 자신을 단절시킨 채 자기중심적인 좁은 틀 안에서만 세상을 이해하려 하는 경향이 있다.
반면 수많은 사람과의 연계를 의식하며 살아가는 사람은 아주 작은 일에도 자신이 얼마나 많은 이들의 은혜로 살아가고 있는지 생각하고 감사할 줄 안다.
지금까지 주위 사람들의 호의를 당연하게 받아들였던 사람이 반년간 이 훈련을 받은 후에야 타인의 마음을 알겠다며 감동의 눈물을 흘린 적도 있었다.
'그런 훈련이 왜 필요할까?'라고 생각할지도 모르지만, 크게 성공한 사람들을 만나 보면 그들에게 의외로 감사하는 습관이 있다는 사실을 알 수 있다. 그들은 가족과 주위 사람들은 물론 신과 조상, 우주와 지구, 당연히 존재하는 듯한 자연과 음식, 매일 스쳐지나가는 많은 사람, 온갖 사물에 감사한다.

진심으로 감사할 줄 아는 사람은 인생에 대한 만족도가 높고 일에 대한 동기도 강하다.

이처럼 자문자답을 통해 '스스로 답을 찾는 힘'을 기르면 세상을 더 심오하게 이해하고 삶을 더욱 충실하게 채워 나갈 수 있다.

망설이던 일을 과감하게
도전할 수 있는 힘

이 책에서는 PART. 1부터 PART. 4까지, 자신에게 질문을 던지고 대답을 하는 '스스로 답을 찾는 힘', 즉 자문자답 기술을 설명했다. 의식적으로 하는 자문자답은 대부분의 사람에게 낯선 것이라서 처음에는 어색하게 느껴질지도 모르겠다.

  그래도 누구나 익힐 수 있고 인생에 적용할 수 있는 방법이기도 하다. 자신의 감정을 지켜보며 반복해야 할 질문이나 특히 중요해 보이는 질문을 던져 보는 것부터 시작하면 된다.

  역경을 극복하고 위업을 달성한 사람들의 공통점을 분석한 《성공하는 사람들의 열정 포트폴리오》라는 책에는 이런 말이 나온다.

  '위대한 사람은 위대한 일을 해내서 위대해진 것이 아니라 양보

할 수 없는 위대한 가치관이 있어서 결과적으로 위대해진 것이다'.

그러나 인간은 나만의 가치관과 진짜 욕망을 자칫하면 잊어버리고 낙심하기 쉬운 존재다. 어떤 일이 있든 신념을 향해 똑바로 나아갈 수 있을 만큼 강하지 못하다.

그래서 끊임없이 나에게 질문을 던지면서 상처 입은 마음을 추스르고, 잊기 쉬운 진짜 욕망을 상기시켜야 한다.

그 결과, 성공률이 50퍼센트 정도라고 생각했던 문제에도 80퍼센트 정도의 확신을 가질 수 있고, 망설이며 도전하지 못했던 일에도 과감하게 도전할 수 있다. 우리의 인생은 더욱 찬란한 빛을 발할 것이고 하루하루가 몰라보게 달라질 것이다.

우리는 어떤 고민도 해결할 수 있고 어떤 곤란도 이겨낼 수 있는 존재다.

그러나 우리는 여전히 자신이 얼마나 강한지 알지 못하고, 문제를 넘어선 후의 미래를 과소평가하기 일쑤다.

그러다 보니 문제를 극복하기보다 현상을 유지하려고 애쓰는 데 에너지를 소모하고 만다.

그래서 나는 밤에 아이들을 재울 때마다 이런 질문을 던지고 같은 답을 반복하게 한다.

"○○는 아빠와 엄마의?"
"보물♥"
"○○는 지구의?"
"보석♥"
"○○는 아시아의?"
"스타♥"
"○○는 우주의?"
"기쁨♥"

   이 말 한마디 한마디가 부디 딸들에게 긍정적인 가치관을 심어주고 자신감을 길러주는 씨앗이 되기를 기도한다.
   이만큼 강한 표현을 쓰지 않아도 좋으니 여러분도 자신의 가치를 인정하고 자신을 소중히 여기기를 바란다.
   이것 역시 자문자답을 통해 반드시 성취할 수 있다.

주체적으로 사는 사람만이
가질 수 있는 자유

당신은 '자주성'과 '주체성'의 차이를 아는가?

자주성이란 남의 지시를 솔선해서 이행하는 것을 말하며, 주체성이란 무엇을 할지 처음부터 스스로 결정하는 것을 말한다.

비슷하게 들리지만 둘은 전혀 다른 말이다.

무슨 일이 일어났을 때 회사 탓, 상사 탓, 가족 탓을 하는 사람은 자주적으로 사는 사람이다.

주체적으로 사는 사람은 무슨 일이든 전부 자기 책임으로 여기기 때문에 타인의 언동과 자신의 선택을 분리해 생각하는 습관이 있다.

자기 자신에게 이렇게 질문해 보자.

'나는 주체적으로 살고 있을까?'
'일이 잘 풀리지 않는 것을 남의 탓으로 돌리고 있지는 않은가?'
'더 자유롭게 생각하려면 어떻게 해야 할까?'

주체적으로 생각할 때 우리는 비로소 이 세상에서 자유롭게 사는 기술을 터득할 수 있다.

규칙을 무시하거나 회사의 명령을 따르지 않고 멋대로 살라는 뜻이 아니다.

자유에는 책임이 따른다.

정말로 자유롭게 사는 사람은 자신의 언행에 전적으로 책임을 진다. 자신의 가치관을 소중히 여기고 진짜 욕망을 그려 낼 줄 아는 사람에게 온갖 번거로운 제약은 단순한 조건일 뿐이다.

자유로운 사람들은 스스로 주체적 선택을 하면서 진짜 욕망을 이루어 나간다. 그러므로 남에게 휘둘리는 스트레스가 줄어든다.

주체적인 사람과 자주적인 사람은 겉으로는 비슷해 보일지 모르지만 삶의 만족도가 전혀 다르다.

또한 주체적으로 사는 사람은 '이런 일을 해 보고 싶다' 또는 '이런 식으로 살고 싶다'는 희망에 따라 새로운 도전에 적극적으로 임한다.

스스로 답을 찾는 힘

그들은 다른 사람의 반대나 실패에 대한 두려움 등의 제약에 얽매이지 않는다.
그래서 눈부시게 성장하며 술술 풀리는 인생을 살아간다.

내가 이 책을 통해 당신에게 자문자답의 기술을 전하려 한 것도 '스스로 답을 찾는 힘'을 기르면 얼마나 인생이 달라지는지 꼭 알려 주고 싶기 때문이다. 주체적으로 사는 사람은 진정한 자유를 누릴 수 있다.

나에게는 '자유'가 굉장한 비중을 차지하는 가치다.
생각해 보면 나 역시 지금의 내가 되기까지 수많은 시행착오를 거쳐 왔다. 대학을 졸업하고 처음으로 근무했던 종합상사에서는 반항하느라 바쁜 나날을 보냈고, 독립한 뒤에도 우여곡절을 수없이 겪었다.
게다가 결국은 암이라는 선물까지 받았다.
그래도 그 덕분에 내 가치관은 세련되게 다듬어졌고, 나는 주체성 있는 삶을 살 수 있게 되었다.
지금 나는 돈이나 인간관계, 시간과 구조에 얽매이지 않고 오로지 내가 전하고 싶은 것을 마음껏 전하는 일을 하고 있다. 그렇게 하면 할수록 인생은 더욱 편안하고 즐거워졌다.

나는 소중한 가족과 동료들에게 둘러싸인 채 내가 정말로 하고 싶은 일을 찾았고, 매일 마음껏 하며 살아가고 있다.

당신도 그런 자유로운 인생을 꼭 경험하기를 바란다.
자문자답이 그 시작이다. '스스로 답을 찾는 힘'을 기르면 누구나 그런 인생을 실현할 수 있다.

PART. 4
SUMMARY

- 사람은 성장할수록 부모나 주위 사람들의 가치관에 영향을 받아서 '내가 정말로 바라는 것'을 '세상이 바라는 것'에 맞추려 한다.

- 사소한 문제가 있을 때도 자문자답을 통해 자신의 '진짜 욕망'을 알 수 있다.

- 자신의 진짜 욕망을 '5W1H'로 명확히 그려 보자.

- 모든 사람의 진짜 욕망은 결국은 '인류에 공헌하는 일'이다.

- 미지의 세계로 뛰어들더라도 자신에게 소중한 것을 잊어버리지만 않으면 안정적인 변화를 성취할 수 있다.

글을 마치며

인생의 중심을 잡아주는
'스스로 답을 찾는 힘'

욕망은 반드시 이루어진다는 보장이 없다. 일에서 성공하는 것이나 행복한 가정을 이루는 것이나 질병에서 자유로워지는 것이나 모두 마찬가지다.

'어쩌면 실패할지도 모른다'라는 불안과 항상 이웃해야 한다. 그러나 그렇기 때문에 불안을 극복하고 앞으로 나아가게 하는 희망이 더욱 절실한 것 아닐까?

내가 암에 대처할 수 있었던 것도 미래에 대한 희망 덕분이었다.
희망이 있었기 때문에 고통스러운 감정에서 나온 가짜 욕망에 휘둘리지 않을 수 있었다. 진심으로 바라는 미래를 그리며 불안에 흔들리지 않고 굳건한 생각과 행동을 유지할 수 있었다.

내가 그처럼 희망적인 미래를 생생하게 그려낼 수 있었던 것은 훌륭한 삶의 태도를 가르쳐 준 은인들 덕분이다.

암을 선고받고도
좌절하지 않았던 이유

그중 한 분은 초등학교 때의 은사이신 후지무라 유지 선생님이다. 후지무라 선생님은 폐쇄적이고 획일적인 학교 분위기 안에서도 학생들의 자유로운 의사를 존중하고 개개인의 개성을 지지해 주셨다. 나 역시 암을 극복한 뒤에 후지무라 선생님이 그랬듯 모두가 자유롭게 존중받고 크게 성장하는 배움의 장을 만들고 싶다고 진심으로 바랐다. 그 생각이 지금의 '코칭 칼리지'의 문화적 토대가 되었다.

또 한 분은 중학교 때 검도부의 은사이신 오자와 후쿠오 선생님이다. 오자와 선생님의 아들은 미래가 촉망되는 젊은 교사였지만 등교를 거부하는 학생을 돌보다가 그 학생에게 목숨을 잃었다. "아이가 형기를 마치고 나오면 모두 그의 사회 복귀를 도와주십시오"라고, 오자와 선생님이 아들의 장례식에서 남긴 말은 당시 10

대였던 나에게 큰 충격을 주었다.

그때 나는 '감히 아드님에게 미치지는 못하겠지만 그의 백 분의 일만큼이라도 사회에 도움이 되고 싶다. 그래서 선생님의 훌륭한 아들 같은 존재가 되고 싶다'고 생각했다. 사람은 죽음이라는 슬픈 일을 통해서까지 남의 인생에 긍정적인 영향을 미칠 수 있다는 사실을 가르쳐 준 사건이었다.

그래서인지 암을 선고받았을 때 '죽을지도 모른다'고 생각하기는 했지만 좌절하지는 않았다. 후지무라 선생님이 가르쳐 주신 대로 희망 가득한 미래를 위해 전력으로 병과 싸우자고 결심했고, 설사 죽는다 해도 오자와 선생님의 아들처럼 마지막 모습을 통해 가족과 주위의 코치들에게 희망을 줄 수 있다고 생각했기 때문이다.

'스스로 답을 찾는 힘'은
결코 혼자만의 힘이 아니다

이 책은 혼자 하는 자문자답에 관한 책이지만, 나는 혼자 자문자답을 하면서도 많은 사람과의 유대감을 느낀다. 미래를 생각할 때는 특히 후지무라 선생님과 오자와 선생님을 떠올리며 자문자답을 했다.

투병 중에도 많은 분이 내 자문자답을 도와주셨다.
의사인 이노우에 히로유키 선생은 "호리에 씨라면 분명 괜찮을 겁니다!"라는 굳센 말로 용기를 주었고, 혼다 겐 작가는 "언제든 곁에 있다고 생각해"라는 따뜻한 말로 위로를 주었다. 덕분에 편안한 마음으로 생각을 정리할 수 있었다.

처음부터 암 발병 사실을 알리지 않았는데도 내 몸 상태가 좋지 않은 것을 걱정하는 몇백 명으로부터의 메시지를 받고 그들의 대가 없는 사랑에 깊이 감동했다. 이런 멋진 사람들이 사는 세상이므로 마지막 순간까지 작은 힘이나마 보태어 세상을 조금이라도 더 좋은 곳으로 만들고 싶어졌다.

그래서 자문자답, 즉 내 머릿속에서 이루어지는 사고일지라도 나 혼자 하는 것이 아니라 많은 사람과의 연계 덕분에 이루어지는 것임을 실감했다.
'인간관계의 질이 사고의 질이다'라는 말이 딱 들어맞는다.
수많은 사람들의 영향력을 담아낸 이 '스스로 답을 찾는 힘'의

기운이 지금 이 책을 집어든 여러분의 인생에도 똑같은 긍정적인 영향력이 되어 닿기를 간절히 바란다.

마지막으로, 이 책을 출판할 계기를 만들어 준 혼다 겐 씨와 이노우에 히로유키 씨, 랑카 크리에이티브 파트너즈 주식회사의 와타나베 도모야 씨와 나카가와 요시오 씨, 다이아몬드사의 다카노쿠라 도시카쓰 씨, 언제나 따뜻한 응원을 보내주신 하마구치 다카노리 씨, 항상 배려해 주시는 이시카와 다이카 선생님, 내게 앞으로 나아갈 힘을 주신 코칭 스쿨 동료들, 그리고 학생들에게 진심으로 감사드린다.

그리고 언제나 우리 집을 웃음으로 가득 채워 주는 세 아이들, 내 인생에 가장 필요한 깨달음을 주는 아내에게도 진심을 담아 사랑과 감사를 보낸다.

호리에 노부히로

옮긴이의 글

'진짜 욕망'을 찾고 싶다면
질문하기를 멈추지 말자

'어떻게 해도 답이 나오지 않는다면 질문이 잘못된 것이다.'

어느 드라마의 대사였던 것 같기도 하고 어떤 책에서 읽은 것 같기도 한, 낯설지 않은 경구(警句)다.

나 역시 이 말에 깊이 동의하는 바다. 이 책에서도 동일한 이야기를 하고 있다. 질문이 우리의 사고와 대화와 행동의 방향을 처음부터 결정한다는 것이다.

역자가 예전에 번역했던 책에도 이런 구절이 있다.

> 질문을 받으면 무조건 생각하고 답하는 과정이 이루어진다. 마치 누군가 강제로 시킨 것처럼 저절로 생각하고 답하게 되는 것이다. 질문에는 이처럼 '사고'와 '답'을 강제하는 기능이 있다.
> — 다니하라 마코토, 《결정적 질문》

스스로 답을 찾는 힘

질문에는 강제적일 만큼 강력한 힘이 있다는 말이다. 그러니 질문을 활용하여 목표를 달성하는 법을 다룬 책이 끊임없이 출간되는 것도 당연한 일일지 모르겠다.

한순간도 잊어서는 안 될
평생의 표어같은 질문

이 책은 질문 중에서도 자신에게 던지는 질문을 통해 스스로 답을 찾는 힘을 키우는 방법을 집중적으로 다루고 있다.

행복한 인생, 만족스러운 인생을 살기 위해서는 자신에게 올바른 질문을 던지는 능력, 즉 자문력이 반드시 필요하다. 특히 첫 질문(프라이머리 퀘스천)을 제대로 던짐으로써 자신이 진정으로 원하는 것이 무엇인지 알아내고 올바른 방향으로 노력을 기울이는 것이 중요하다고 저자는 강조한다.

본문에서도 언급했다시피, 사람은 생존하기 위해 어떤 상황에서든 부정적으로 사고하는 방향으로 진화해 왔다. 이 본능적인 경향은 '의식적으로' 노력하지 않으면 자연스럽게 우리의 사고를 지배하고 만다. 그러므로 우리는 자신과 대화를 나눌 때마다 다음과 같은 질문을 의식적으로 던져야 한다.

"내가 정말로 원하는 것은 무엇인가?"

이 질문이야말로 이 책의 핵심을 꿰뚫는 문장이자 우리가 살면서 한 순간도 잊어서는 안 될 평생의 표어다.

당신의
진짜 욕망은 무엇인가?

기억하자. 어딘가 결핍된 부분을 메우는 것, 무언가 두려운 상황을 피하는 것은 '가짜 욕망'일 뿐이다.

그렇다면 진짜 욕망은 어떻게 찾을 수 있을까?

지금 당신이 진심으로 소중히 여기는 것이 무엇인지 생각해 보자. 거기에 힌트가 있다. 또 당신은 어떤 때에 성장과 성취의 뿌듯함, 끈끈한 유대감, 남과 사회에 공헌한다는 보람을 느끼는가?

이런 사고 과정을 통해 마침내 진짜 욕망을 찾아내면 그 욕망을 이루는 데 필요한 의지도 저절로 생겨난다. 전략을 세우는 것은 그 다음 일이다.

설사 당신의 욕망을 이루는 길이 멀고 험해 보이더라도 좌절하지 말자. 아무리 어려운 일이라도 세상에서 한 사람쯤은 그것을 이미 이루지 않았겠는가. 그에게 배우면 된다. 당신도 반드시 방법을 찾을 수 있다.

그러나 의외로, 사람은 높은 벽에 부딪힐 때마다 아무 생각도 하지 않으려 하는 버릇이 있다. 당황해서 감정에 휘둘리기도 쉽다.
그러므로 '일단 할 수 있는 일부터 하자'며 별생각 없이 행동하는 습관을 버리자. 오히려 '당장 할 수 있는 일'이 아니라 '진짜 욕망을 이루기 위해 필요한 일'을 해야 한다. 생각하기를 멈추지 말자. 아무리 노력해도 방향이 틀리면 원하는 결과를 얻을 수 없기 때문이다.
프랑스의 시인이자 사상가인 폴 발레리(Paul Valery)도 '생각한 대로 살지 않으면 사는 대로 생각하게 된다'는 유명한 말을 남겼다.

고민을 귀한 선물로 변화시키는 '자문'의 힘

혹시 지금 고민에 빠져 있는가?
자신의 힘에 부치는 어려운 과제를 부여받았는가?
그것이야말로 성장의 기회라고 저자는 말한다.

고민은 이루고 싶은 '욕망'이 있기 때문에 생기는 것이다. 고민은 한 단계 성장하기 직전에 주어지는 '귀한 선물'이다.

저자는 암을 극복하고, 이를 토대로 지금처럼 보람차고 행복한 삶을 실현하는 데 성공했다. 그리고 그 배경에는 언제나 올바른 '자문'이 있었다. 그래서 그는 지금 독자들에게 자신 있게 강조한다. 고민 너머의 '진짜 욕망'을 바라보고 스스로 묻고 답하기를 게을리 하지 말라고 말이다.

당신의 진짜 욕망은 무엇인가? 앞으로 어떤 삶을 살고 싶은가?
이 책을 통해 지속 가능한 행복, 보람 있는 인생으로 가는 입구를 많은 사람이 하루 빨리 발견하기를 간절히 바란다.

노경아

부록

인생이 잘 풀리는
자문자답 노트

- 인생이 잘 풀리는 5가지 질문
- 진짜 원하는 것을 찾는 5W1H

어떤 문제를 만나더라도
올바른 질문을 하면
적확한 답을 이끌어낼 수 있다.

※ 5가지 질문을 실제 적용한 사례는 PART. 2의 내용을 참고하세요.

| 인생이 잘 풀리는 5가지 질문 | ▼ | |

현재 나의 상황

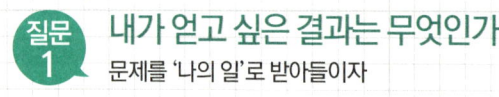

내가 얻고 싶은 결과는 무엇인가?
문제를 '나의 일'로 받아들이자

스스로 답을 찾는 힘

질문 2 나는 왜 그것을 얻고 싶은가?
목적을 명확히 알자

질문 3 어떻게 하면 그것을 실현할 수 있을까?
실현 가능성을 높일 방법을 찾자

질문 4 이것은 내 미래에 어떤 의미가 있을까?
의미를 부여하고 진짜 원하는 것을 찾자

질문 5 지금 내가 해야 할 일은 무엇인가?
질문을 통해 떠오른 답을 행동으로 옮기자

스스로 답을 찾는 힘

| 진짜 원하는 것을 찾는 5W1H | |

현재 나의 상황

When 언제

Where 어디서

Who 누가

What 무엇을

Why 왜

스스로 답을 찾는 힘

How 어떻게

나의 **진짜 욕망**은 무엇인가?

그것을 이루기 위해 내가 **무엇을 해야** 할까?

스스로 답을 찾는 힘?

초판 1쇄 발행 2018년 1월 10일
초판 2쇄 발행 2018년 1월 25일

지은이 호리에 노부히로
옮긴이 노경아
펴낸이 정용수

사업총괄 장충상 본부장 홍서진 편집장(1실) 박지원
책임편집 김은혜 편집 이미순 디자인 올디자인그룹
영업·마케팅 윤석오 이기환 정경민 우지영

펴낸곳 (주)예문아카이브
출판등록 2016. 8. 8. 제2016-000240호
주소 서울특별시 마포구 동교로18길 10 2층(서교동)
대표전화 02-2038-3373 대표팩스 031-955-0605 이메일 yeamoonsa3@naver.com
홈페이지 www.yeamoonsa.com 블로그 http://blog.naver.com/yeamoonsa3
물류센터 경기도 파주시 직지길 460(출판도시) 전화 031-955-0550

ISBN 979-11-87749-55-4 13190
한국어판 ⓒ 예문아카이브, 2018

* 이 도서의 국립중앙도서관 출판예정도서목록(CIP)은 서지정보유통지원시스템 홈페이지(http://seoji.nl.go.kr)와 국가자료공동목록시스템(http://www.nl.go.kr/kolisnet)에서 이용하실 수 있습니다. (CIP제어번호 : CIP2017033828)

* 책값은 뒤표지에 있습니다. 잘못된 책은 구입하신 곳에서 바꿔드립니다.